# DOCÊNCIA em FORMAÇÃO
*Ensino Superior*

### Coordenação:
### Selma Garrido Pimenta

© 2022 by Cristina d'Ávila

**© Direitos de publicação**
**CORTEZ EDITORA**
Rua Monte Alegre, 1074 – Perdizes
05014-001 – São Paulo – SP
Tel.: (11) 3864-0111
cortez@cortezeditora.com.br
www.cortezeditora.com.br

Fundador
*José Xavier Cortez*

Direção
*Miriam Cortez*

Editor
*Amir Piedade*

Preparação
*Alessandra Biral*

Revisão
*Alexandre Ricardo da Cunha*
*Gabriel Maretti*
*Rodrigo da Silva Lima*

Edição de Arte
*Mauricio Rindeika Seolin*

*Obra em conformidade ao*
*Novo Acordo Ortográfico da Língua Portuguesa*

Dados Internacionais de Catalogação na Publicação (CIP)
(Câmara Brasileira do Livro, SP, Brasil)

d'Ávila, Cristina
 Didática sensível: contribuição para a didática na educação superior / Cristina d'Ávila; [coordenação Selma Garrido Pimenta]. – 1. ed. – São Paulo: Cortez, 2022. – (Coleção Docência em Formação: Ensino Superior)

 Bibliografia
 ISBN 978-65-5555-240-9

 1. Aprendizagem 2. Didática – Estudo e ensino 3. Educação 4. Educação – Finalidades e objetivos 5. Ensino superior 6. Pedagogia 7. Professores – Formação I. Pimenta, Selma Garrido. II. Título III. Série.

22-103419
CDD-378

Índices para catálogo sistemático:

1. Didática: Educação Superior 378
Maria Alice Ferreira – Bibliotecária – CRB-8/7964

Impresso no Brasil – junho de 2022

Cristina d'Ávila

# Didática Sensível

## Contribuição para a Didática na Educação Superior

1ª edição
2022

"Apesar de formação acadêmica em Filosofia e Ciências Humanas, nunca parei de ler ou de reler romances, poemas, nem de frequentar os cinemas. Romances, poemas, obras musicais, pinturas sempre mexeram comigo provocando irrupções nas minhas exposições, renovando assim meu encantamento. É sempre bom falar do que amamos."

(Edgar Morin)

# Agradecimentos

Comecei a escrever este livro em meu estágio pós-doutoral em Paris, no ano de 2015, mas, efetivamente, ele vem sendo escrito há mais tempo. Creio em todas as palavras que pus aqui e, se pudesse, o transformaria em um livro de poemas e poria versos no lugar de cada coisa pensada. Mas temos limites... Escrevi um livro de uma Didática vivida ou *experivenciada* com emoção e razão. E, com ele, tenho a ambição de inspirar outras práticas pedagógicas. Não fiz nada sozinha. Não sou autora absoluta deste livro, com certeza dele participam muitas pessoas: meus alunos estão aqui, meus colegas, os mais importantes, parceiros de jornada, familiares, amigos, amplas referências de autores consagrados na área pedagógica e Didática, sem dúvida, estão aqui. Estão aqui também meus poetas, meus músicos, minha poesia. Pessoas que amo e admiro estão aqui e vou nomear algumas:

*Agradeço a Selma Garrido Pimenta,*
*pelo exemplo e a confiança em minha carreira no campo da Didática.*

*A Michel Maffesoli, pelo legado do raciovitalismo.*

*A João Francisco Duarte Junior, pelo que aprendi da educação do sensível.*

*À Associação Nacional de Didática e Práticas de Ensino – Andipe –*
*nas pessoas que integram este coletivo e que acreditam*
*numa Didática efetivamente emancipadora.*

*Ao Grupo de Estudos e Pesquisas em Educação, Didática e Ludicidade*
*(Gepel), amado grupo de pesquisa, fonte constante de renovação.*

*Aos professores e às parceiras do Ateliê Didático da*
*Universidade Federal da Bahia (UFBA).*

*Aos professores do Instituto de Saúde Coletiva da UFBA.*

*A meus alunos da graduação e pós-graduação.*

*A Luiz Asa, pelo esteio amoroso e pela leitura cuidadosa do manuscrito.*

*A meus filhos, Caê e Enrico, inspiradores da minha pedagogia.*

*A minha mãe, Cléo, maior incentivadora de minhas artes.*

*Para meus pais,
Camillo e Cléo, luz e vida,
meus eternos educadores*

(in memoriam).

# Sumário

Aos professores ..................................................................9
Apresentação da coleção .................................................11
Apresentação – O saber sensível e a Didática:
        primeiras aproximações ................................19

Capítulo I  Uma compreensão sobre os paradigmas
        didáticos nas trilhas percorridas .................25
    1. Breve introdução ...................................................25
    2. O Tecnicismo pedagógico-didático ........................26
    3. Pedagogias e Didáticas Críticas emergem
        como um fio de esperança .........................................29
    4. O advento da Pedagogia e Didática
        Construtivista e Socioconstrutivista ........................32
    5. Uma síntese das Teorias Didáticas
        para trazer à luz a Didática Sensível ........................37

Capítulo II  Pedagogia Raciovitalista:
        fundamentos e princípios ..............................43
    1. Breve introdução ...................................................43
    2. Teoria Raciovitalista: uma visão ..........................45
    3. Epistemologia da complexidade –
        o *religare* dos conhecimentos ...............................53
    4. Intersecções entre o raciovitalismo e a
        epistemologia complexa para o emergir
        da Pedagogia Raciovitalista ....................................58
    5. Estesia e estética ...................................................60
    6. A vida pulsante: o saber sensível ..........................66
    7. Razão interna e pensar orgânico ..........................68
    8. Dialogia .................................................................68
    9. Princípio hologramático e a perspectiva
        de globalidade: do local para o global,
        do global para o local ..............................................69
    10. Síntese provisória ................................................71

Capítulo III Didática Sensível .................................................. 74
    1. Breve introdução ...................................................... 74
    2. Ludicidade como princípio formativo ....................... 75
    3. Os fundamentos psicopedagógicos
       da Didática Sensível ................................................ 81
    4. O *modus operandi* da Didática Sensível ..................... 97
    5. Síntese provisória ................................................... 114

Capítulo IV A experiência dos ateliês didáticos
    na pesquisa-formação
    com docentes universitários ........................... 115
    1. Introdução ............................................................. 115
    2. A experiência dos ateliês didáticos na pesquisa ........ 118
    3. A descritiva dos ateliês em si ................................. 121
    4. As escritas autobiográficas .................................... 124
    5. Em busca de uma síntese possível .......................... 135

Capítulo V O ateliê didático como dispositivo
    de formação sensível para professores
    da Educação Superior ......................................... 138
    1. Introdução ............................................................. 138
    2. O ateliê didático como dispositivo
       de formação sensível ............................................. 140
    3. Os fundamentos do ateliê didático ........................ 142
    4. Considerações sintéticas e prognósticas ................. 152

Capítulo VI Por uma Didática Sensível no contexto
    da pós-modernidade – entrevista com
    Michel Maffesoli ................................................ 154
    1. Breve apresentação ................................................ 154

Referências .................................................................. 167

# AOS PROFESSORES

A **Cortez Editora** tem a satisfação de trazer ao público brasileiro, particularmente aos estudantes e profissionais da área educacional, a **Coleção Docência em Formação**, destinada a subsidiar a formação inicial de professores e a formação contínua daqueles que se encontram no exercício da docência.

Resultado de reflexões, pesquisas e experiências de vários professores especialistas de todo o Brasil, a Coleção propõe uma integração entre a produção acadêmica e o trabalho nas escolas. Configura um projeto inédito no mercado editorial brasileiro por abarcar a formação de professores para todos os níveis de escolaridade: a **Educação Básica** (incluindo a **Educação Infantil**, o **Ensino Fundamental** e o **Ensino Médio**), a **Educação Superior**, a **Educação de Jovens e Adultos** e a **Educação Profissional**. Completa essa formação com títulos que abordam os saberes pedagógicos e temáticas **transversais** necessários à docência.

Com mais de quatro décadas de experiência e reconhecimento, a Cortez Editora é uma referência no Brasil, nos demais países latino-americanos e em Portugal pela coerência de sua linha editorial e pela atualidade dos temas que publica, especialmente nas áreas de Educação, Serviço Social, Literatura Infantil e Juvenil, entre outras. É com orgulho e satisfação que continuamos o legado deixado por nosso pai, José Xavier Cortez (1936-2021), que "estava convencido de que essa Coleção representa novo e valioso impulso e colaboração ao pensamento pedagógico e à valorização do trabalho dos professores na direção de uma melhoria da qualidade social da escolaridade".

*Mara Cortez e Miriam Cortez*
*Diretoras*

# APRESENTAÇÃO DA COLEÇÃO

A **Coleção Docência em Formação** tem por objetivo oferecer aos professores em processo de formação e aos que já atuam como profissionais da Educação subsídios formativos que levem em conta as novas diretrizes curriculares, buscando atender, de modo criativo e crítico, às transformações introduzidas no sistema nacional de ensino pela Lei de Diretrizes e Bases da Educação Nacional, de 20 de dezembro de 1996 (LDB n. 9.394/1996). Sem desconhecer a importância desse documento como referência legal, a proposta desta Coleção identifica seus avanços e seus recuos e assume como compromisso maior buscar uma efetiva interferência na realidade educacional por meio do processo de ensino e de aprendizagem, núcleo básico do trabalho docente, situado em seus contextos institucionais e sociais. Seu propósito é, pois, fornecer aos docentes e aos estudantes das diversas modalidades dos cursos de formação de professores (Licenciaturas) e aos docentes em exercício livros de referência para sua preparação científica, técnica e pedagógica, que lhes permitam contribuir para que seja efetivado o direito à educação de qualidade social e política a todas as crianças, jovens e adultos. Os livros contêm subsídios formativos relacionados ao campo dos saberes pedagógicos, bem como ao campo dos saberes relacionados aos conhecimentos especializados das áreas de formação profissional.

A proposta da Coleção parte de uma concepção orgânica e intencional de educação e de formação de seus profissionais, e com clareza do que se pretende formar para atuar no contexto da sociedade brasileira contemporânea, marcada por determinações históricas específicas.

Como bem mostram estudos e pesquisas recentes na área, os professores são profissionais essenciais nos processos de mudanças das sociedades. Se forem deixados à margem, as decisões pedagógicas e curriculares alheias, por mais interessantes que possam parecer, não se efetivam, não gerando efeitos sobre o social. Por isso, é preciso investir na formação e no desenvolvimento profissional dos professores.

Na sociedade contemporânea, as rápidas transformações no mundo do trabalho, o avanço tecnológico configurando a sociedade virtual e os meios de informação e comunicação incidem com bastante força na escola, aumentando os desafios para torná-la uma conquista democrática efetiva. Transformar as escolas em suas práticas e culturas tradicionais e burocráticas que, por intermédio da retenção e da evasão, acentuam a exclusão social, não é tarefa simples nem para poucos. O desafio é educar as crianças e os jovens propiciando-lhes um desenvolvimento humano, cultural, científico e tecnológico, de modo que adquiram condições para fazer frente às exigências do mundo contemporâneo. Tal objetivo exige esforço constante do coletivo da escola – diretores, professores, funcionários e pais de alunos –, dos sindicatos, dos governantes e de outros grupos sociais organizados.

Não se ignora que esse desafio precisa ser prioritariamente enfrentado no campo das políticas públicas. Todavia, não é menos certo que os professores são profissionais essenciais na construção dessa nova escola. Nas últimas décadas, diferentes países realizaram grandes investimentos na área da formação e desenvolvimento profissional de professores visando essa finalidade. Os professores contribuem com seus saberes, seus valores, suas experiências nessa complexa tarefa de melhorar a qualidade social da escolarização.

Entendendo que a democratização do ensino passa pelos professores, por sua formação, por sua valorização profissional e por suas condições de trabalho, pesquisadores têm apontado para a importância do investimento no seu desenvolvimento profissional, que envolve formação inicial e continuada, articulada a um processo de valorização identitária e profissional dos professores. Identidade que é epistemológica, ou seja, que reconhece a docência como um *campo de conhecimentos específicos* configurados em quatro grandes conjuntos, a saber:

1. conteúdos das diversas áreas do saber e do ensino, ou seja, das ciências humanas e naturais, da cultura e das artes;

2. conteúdos didáticos e pedagógicos, diretamente relacionados ao campo da prática profissional;
3. conteúdos relacionados a saberes pedagógicos mais amplos do campo teórico da educação;
4. conteúdos ligados à explicitação do sentido da existência humana individual, com sensibilidade pessoal e social.

Entendemos que a docência constitui um campo específico de intervenção profissional na prática social. E, como tal, os professores devem ser valorizados em seus salários e demais condições de exercício nas escolas.

O desenvolvimento profissional dos professores tem-se constituído em objetivo de propostas educacionais que valorizam a sua formação não mais fundamentada na racionalidade técnica, que os considera como meros executores de decisões alheias, mas em uma perspectiva que reconhece sua capacidade de decidir. Ao confrontar suas ações cotidianas com as produções teóricas, impõe-se rever suas práticas e as teorias que as informam, pesquisando a prática e produzindo novos conhecimentos para a teoria e a prática de ensinar. Assim, as transformações das práticas docentes só se efetivam à medida que o professor *amplia sua consciência sobre a própria prática*, a de sala de aula e a da escola como um todo, o que pressupõe os conhecimentos teóricos e críticos sobre a realidade. Tais propostas enfatizam que os professores colaboram para transformar as escolas em termos de gestão, currículos, organização, projetos educacionais, formas de trabalho pedagógico. Reformas gestadas nas instituições, sem tomar os professores como parceiros/autores, não transformam a escola na direção da qualidade social. Em consequência, *valorizar o trabalho docente significa dotar os professores de perspectivas de análise que os ajudem a compreender os contextos históricos, sociais, culturais, organizacionais nos quais se dá sua atividade docente.*

Na sociedade brasileira contemporânea, novas exigências estão postas ao trabalho dos professores. No colapso das antigas certezas morais, cobra-se deles que cumpram funções da família e de outras instâncias sociais; que respondam à necessidade de afeto dos alunos; que resolvam os problemas da violência, das drogas e da indisciplina; que preparem melhor os alunos nos conteúdos das matemáticas, das ciências e da tecnologia tendo em vista colocá-los em melhores condições para enfrentarem a competitividade; que restaurem a importância dos conhecimentos na perda de credibilidade das certezas científicas; que sejam os regeneradores das culturas/identidades perdidas com as desigualdades/diferenças culturais; que gestionem as escolas com economia cada vez mais frugal; que trabalhem coletivamente em escolas com horários cada vez mais fragmentados. Em que pese a importância dessas demandas, e lembrando que clamam ações e políticas públicas das demais instituições sociais, não se pode exigir que os professores e as escolas individualmente considerados façam frente a elas. Espera-se, sim, que coletivamente apontem caminhos institucionais a seu enfrentamento.

É nesse contexto complexo, contraditório, carregado de conflitos de valores e de interpretações, que se faz necessário ressignificar a identidade do professor. O ensino, atividade característica do professor, é uma prática social complexa, carregada de conflitos de valores e que exige opções éticas e políticas. Ser professor requer saberes e conhecimentos científicos, pedagógicos, educacionais, sensibilidade da experiência, indagação teórica e criatividade para fazer frente às situações únicas, ambíguas, incertas, conflitivas e, por vezes, violentas, das situações de ensino, nos contextos escolares e não escolares. É da natureza da atividade docente proceder à mediação reflexiva e crítica entre as transformações sociais concretas e a formação humana dos alunos, questionando os modos de pensar, sentir, agir e de produzir e distribuir conhecimentos na sociedade.

Problematizando e analisando as situações da prática social de ensinar, o professor incorpora o conhecimento elaborado, das ciências, das artes, da filosofia, da pedagogia e das ciências da educação, como ferramentas para a compreensão e a proposição do real.

A Coleção investe, pois, na perspectiva que valoriza a formação crítica reflexiva visando a capacidade de decidir dos professores. Assim, discutir os temas que perpassam seu cotidiano nas escolas – projeto pedagógico; autonomia; identidade e profissionalidade dos professores; violência; cultura; religiosidade; privatização dos espaços públicos; a importância do conhecimento e da informação na sociedade contemporânea; o ensino presencial mediado por tecnologias virtuais e a importância da socialização na formação humana; a ação coletiva e interdisciplinar; as questões perversas de exclusão social e humana expressas nas múltiplas formas de desigualdade como as de gênero, raça, etnias, pobreza e exclusão aos direitos humanos à moradia, saúde, trabalho e educação; o papel do sindicato na formação, entre outros –, articulados aos contextos institucionais, às políticas públicas e confrontados com experiências de outros contextos escolares e com as teorias, são os temas que a **Coleção Docência em Formação** se propõe.

Os livros que a compõem apresentam um tratamento teórico-metodológico pautado em três premissas: a estreita vinculação entre os conteúdos científicos e os pedagógicos; a provisoriedade do conhecimento, pois produzidos na relação dos seres humanos situados em seus contextos históricos; a unidade teoria e prática no conhecimento e na ação humana.

Assim, de um lado, impõe-se considerar que a atividade profissional de todo professor possui uma natureza pedagógica, isto é, vincula-se a objetivos educativos de formação humana e a processos metodológicos e organizacionais de transmissão, apropriação e produção de saberes e modos de ação. O trabalho docente está impregnado de intencionalidade, pois visa a formação humana por meio de conteúdos e habilidades de pensamento e ação, implicando escolhas, valores, compromissos éticos. O que significa introduzir objetivos explícitos de natureza conceitual, procedimental e valorativa em relação aos conteúdos próprios das disciplinas que se ensinam; transformar o saber científico ou tecnológico em conteúdos formativos; selecionar e organizar os conteúdos de acordo com critérios lógicos e psicológicos em função das características dos alunos e das finalidades do ensino; utilizar métodos e procedimentos de ensino específicos inserindo-se em uma estrutura organizacional em que participa das decisões e das ações coletivas. Por isso, para ensinar, o professor necessita de conhecimentos e práticas que ultrapassem o campo de sua especialidade.

De outro ponto de vista, é preciso levar em conta que todo conteúdo de saber é resultado de um processo de construção de conhecimento. Por isso, dominar conhecimentos não se refere apenas à apropriação de dados objetivos pré-elaborados, produtos prontos do saber acumulado. Mais do que dominar os produtos, interessa que os alunos compreendam que estes são resultantes de um processo de investigação humana. Assim, trabalhar os conhecimentos no processo formativo dos alunos significa proceder à mediação entre os significados do saber no mundo atual e aqueles dos contextos nos quais foram produzidos. Significa explicitar os nexos entre a atividade de pesquisa e seus resultados, portanto, instrumentalizar os alunos no próprio processo de pesquisar.

Na formação de professores, os currículos devem configurar a pesquisa como princípio cognitivo, investigando com os alunos a realidade escolar, desenvolvendo neles essa atitude investigativa em suas atividades profissionais e assim configurando a pesquisa também como princípio formativo na docência.

Além disso, é no âmbito do processo educativo que mais intimamente se afirma a unidade teoria e a prática. Em sua essência, a educação é uma prática, mas uma prática intrinsecamente intencionalizada pela teoria. Decorre dessa condição a atribuição de um lugar central ao estágio, no processo da formação do professor. Entendendo que o estágio é constituinte de todas as disciplinas percorrendo o processo formativo desde seu início, os livros da Coleção sugerem várias modalidades de articulação direta com as escolas e demais instâncias nas quais os professores atuarão, apresentando formas de estudo, análise e problematização dos saberes nelas praticados. O estágio também pode ser realizado como espaço de projetos interdisciplinares, ampliando a compreensão e o conhecimento da realidade profissional de ensinar. As experiências docentes dos alunos que já atuam no Magistério, e também daqueles que participam da formação continuada, devem ser valorizadas como referências importantes para serem discutidas e refletidas nas aulas de todas as disciplinas.

Considerando que a relação entre as instituições formadoras e as escolas pode se constituir em espaço de formação contínua para os professores das escolas assim como para os formadores, os livros sugerem a realização de projetos conjuntos entre ambas. Essa relação com o campo profissional poderá propiciar ao aluno em formação a oportunidade para rever e aprimorar sua escolha pelo Magistério.

Para subsidiar a formação inicial e continuada dos professores onde quer que se realizem: nos cursos de Licenciatura, de pedagogia e de pós-graduação, em universidades, faculdades isoladas, centros universitários e Ensino Médio, a Coleção está estruturada nas seguintes séries:

**Educação Infantil**: profissionais de creche e pré-escola.

**Ensino Fundamental**: professores do 1º ao 5º ano e do 6º ao 9º ano.

**Ensino Médio**: professores do Ensino Médio.

**Ensino Superior**: professores do Ensino Superior.

**Educação de Jovens e Adultos**: professores de jovens e adultos em cursos especiais.

**Saberes pedagógicos e formação de professores.**

Em síntese, a elaboração dos livros da Coleção pauta-se nas seguintes perspectivas: investir no conceito de *desenvolvimento profissional*, superando a visão dicotômica de formação inicial e de formação continuada; investir em sólida formação teórica nos campos que constituem os saberes da docência; considerar a formação voltada para a profissionalidade docente e para a construção da identidade de professor; tomar a pesquisa como componente essencial da/na formação; considerar a prática social concreta da educação como objeto de reflexão/formação ao longo do processo formativo; assumir a visão de totalidade do processo escolar/educacional em sua inserção no contexto sociocultural; valorizar a docência como atividade intelectual, crítica e reflexiva; considerar a ética como fator fundamental na formação e na atuação docente.

**Selma Garrido Pimenta**
**Coordenadora**

# Apresentação

## O saber sensível e a Didática: primeiras aproximações

*"Há uma semelhança entre o artista e a criança, naquilo que os dois compartilham como sentimento de encantamento diante da beleza do mundo."*
(Michel Maffesoli)

Um novo enciclopedismo vem se apoderando da dita "sociedade do conhecimento", vale dizer, "sociedade da informação". Diz respeito à generalização da cultura digital (cada vez mais expandida a classes sociais distintas) e mediatização das formas de expressão.

"Il y a une assimilation de l'artiste et de l'enfant, en ce qu'ils partagent tous deux le sentiment d'émerveillement devant la beauté du monde" (T. A.).

A cultura digital, na concepção de Lévy (1997), refere-se ao resultado de um movimento internacional de jovens ávidos para experimentar coletivamente outras formas de comunicação diferentemente do que propunham as mídias clássicas. A internet e a possibilidade infinda de criação hipertextual em rede tornam possível o acesso a um conjunto de informações ilimitadas. Não há mais lugar para a lógica de um saber científico estabilizado nem mais disciplinas científicas específicas. Isso requer outra configuração para pensarmos a produção de informações e sua difusão – outro ecossistema. Significa dizer que a complexificação de conhecimentos e sua produção partilhada, na contemporaneidade, não permite mais seu enquadramento em classificações preestabelecidas. O enciclopedismo agora repousa sobre outra lógica, a lógica dos dados, das informações esparsas e rápidas, das trocas entre seus produtores e consumidores.

Há uma clara mutação no que tange à relação com o saber. A primeira constatação é aquela que concerne à velocidade e renovação de conhecimentos e experiências. A segunda diz respeito às mudanças na natureza do trabalho, entre as quais trabalhar vem a ser, mais do que nunca, aprender; e a terceira constatação é de que as tecnologias digitais que emergem no ciberespaço ampliam e modificam funções cognitivas, como a memória, a percepção e o raciocínio lógico (LÉVY, 1997). Dito de outra maneira, é o nascedouro inexorável de outra inteligência com a qual devemos saber lidar sob o risco de vermos derrocadas quaisquer tentativas de educar. Nossos alunos são exemplares típicos do novo tempo que emerge com a revolução tecnológica. O tempo deles é outro. Os estímulos sensoriais são múltiplos.

Tais transformações, entretanto, não esgotam a tendência racionalista de ver e viver o mundo atual, posto que, anacronicamente e, sobretudo, nos centros universitários, vale ainda a velha lógica enciclopedista que subjaz à Pedagogia calcada na transmissão unívoca de conteúdos disciplinares. Estamos longe da interdisciplinaridade alardeada em currículos inovadores desde a segunda metade do século XX e em que a transdisciplinaridade não passa de uma utopia.

O racionalismo pragmático parece inerente às atividades de ensino em todos os segmentos escolares, com exceções louváveis em experiências inovadoras e críticas. Grandes modelos pedagógicos, de Anísio Teixeira a Paulo Freire, parecem ainda novidades alvissareiras em muitas práticas educativas, sobretudo as do segmento universitário. Qual o espaço para a linguagem sensível e lúdica nas práticas atuais?

Com tal inquietação, vimos ministrando, como docente, o componente curricular "Didática", para a formação de professores da Educação Básica, e o correlato "Docência na Educação Superior", voltada à formação de professores universitários, e nos deparando com vários dilemas: de um lado, os professores que se ressentem de seus alunos que não aprendem. De outro, os alunos que se ressentem de seus professores que não sabem ensinar.

Segundo Veiga (2005, p. 151), "o ensino é concebido como um processo mecânico, repetitivo e fragmentado. A atividade de ensinar é vista, comumente, como transmissão de conhecimentos objetivos e neutros, úteis para que os indivíduos tornem-se competentes na manutenção da ordem social vigente". Em uma rápida análise da sala de aula, ainda hoje, na contemporaneidade, "percebe-se que o ensino é mecânico, desprovido de significado e os conteúdos são transmitidos e memorizados nos moldes do estímulo-resposta", complementa a autora.

Das experiências que trazemos como pesquisadoras na área da educação universitária, temos realizado que aprendizagens duradouras são as que provêm de experiências educativas que integram o pensar, o sentir e o agir humanos. Esse envolvimento não permite a cisão entre razão e sensibilidade – razão de ser e todo o sentido deste estudo.

Acreditamos que não só as estruturas cognitivas, intelectuais, devam ser objeto de preocupação dos professores, mas a educação do ser por inteiro. Afirma Argan (*apud* DEHEINZELIN, 1996, p. 93) que é somente na arte que pode ser alcançada "a unidade entre a estrutura do sujeito e a estrutura do objeto". A arte seria, assim, propiciadora das relações entre interioridade e exterioridade. O saber sensível, inextricavelmente associado ao saber didático, faria, então, dos professores, leitores inteligentes da alma humana, correspondendo, com justiça, ao que os jovens precisam e desejam saber.

A inspiração que nos conduziu ao desenvolvimento da tese sustentada neste livro tem origem antiga, mas revigorada mediante investigações científicas sobre o processo didático levado a cabo por professores universitários que, em geral, se ressentem da ausência de uma formação pedagógica mais consistente para o exercício da profissão. Além disso, a compreensão de que, na universidade, os assuntos que se referem ao lúdico, à arte, e ao saber sensível são pouco explorados. Em síntese, e resultante das observações empreendidas, constatamos a hegemonia do racionalismo acadêmico na docência universitária, certo desprezo tácito pelos saberes pedagógico-didáticos, nos quais se incluem o saber sensível e uma ênfase exacerbada sobre a pesquisa em detrimento do ensino.

A cisão, pois, entre razão e sensibilidade, lançou-nos à frente em busca de subsídios teóricos que pudessem sustentar uma Didática Sensível, voltada para a compreensão dos processos subjetivos que estão na base das ações humanas cotidianas mais simples e estão presentes também no ensinar e no aprender. A ideia que repousa sob a tese é de que há vida, sentimentos, emoções, nas relações estabelecidas entre professores e alunos e seus pares, assim como entre esses sujeitos e o conhecimento. O motor de tudo está na premissa de que não há razão sem sensibilidade e de que, também, não há sensibilidade desacompanhada da razão. O inteligível está associado inexoravelmente ao aspecto sensível da existência humana, vale dizer, à intuição, à corporeidade, à experiência, à imaginação que conduzem ao pensamento criativo. Portanto, o ensino ganha outra dimensão na concepção traçada, uma dimensão afinada às múltiplas capacidades humanas, aos aspectos intelectuais, emocionais, intuitivos e corporais.

Para sustentar a tese, pois, adotamos como lastro conceptual o raciovitalismo de Michel Maffesoli (2005, 2006, 2010, 2015, 2016), baseados na ideia de razão sensível para compreensão da realidade social, e a Teoria da Complexidade a partir dos estudos de Edgar Morin (1990, 2002, 2008) – sua epistemologia complexa, hologramática e dialógica. Além dos fundamentos citados, buscamos inspiração na elaboração sobre Educação do Sensível, do educador João Francisco Duarte Junior (2004). Uma educação sensível é aquela que pode fornecer aos sujeitos a compreensão do mundo sem perda de visão de globalidade, sem perda tampouco da sensibilidade – fundamentos importantes ao desenvolvimento humano. Uma educação em que as pequenas grandes coisas da vida estejam presentes e sejam conscientes em nosso fazer diário, sendo valorizadas nos espaços escolares. Acreditamos em uma educação que traga no seu bojo formas sensíveis de intervenção didática, aguçando a estética, o lúdico e a inteligibilidade nas formas de apreensão e produção do conhecimento. Com a Didática trata-se de operar com uma lógica que rompe com o paradigma racionalista-instrumental. Outra lógica que supera a visão do pensar unicamente pela razão e coordena uma ação que parte do "sentir, pensar, agir". Uma visão que nos impulsiona à criação de outra Didática, a Didática Sensível.

Este livro está dividido em seis capítulos: o primeiro, "Uma compreensão sobre os paradigmas didáticos nas trilhas percorridas", no qual apresentamos nossa compreensão sobre os paradigmas do campo pedagógico-didático como pedagoga e docente implicada.

O segundo capítulo – "Pedagogia Raciovitalista: fundamentos e princípios" – traz à baila os pilares da Pedagogia Raciovitalista fundados na Teoria de Michel Maffesoli e no pensamento complexo de Edgar Morin, e a síntese entre as duas teorias para elaboração da Pedagogia Raciovitalista.

O terceiro capítulo trata da "Didática Sensível". Para além dos fundamentos sociológicos e filosóficos, traz à baila os fundamentos psicopedagógicos da Didática Sensível, apoiados em Vygotsky, para sustentar o aspecto da inteligibilidade cognitiva, e em Gardner, para sustentar a inteligibilidade sensível. Nele, abordamos a ludicidade como princípio formativo da Didática em tela. Apresentamos também o *modus operandi* da Didática Sensível regida por uma coreografia didática não linear que traz em seu bojo os passos do "sentir; intuir; metaforizar; imaginar; *experivivenciar* e criar".

O quarto capítulo ressalta "A experiência dos ateliês didáticos na pesquisa-formação com docentes universitários". Em pesquisa realizada com professores da área da Saúde em uma universidade pública, inauguramos os "ateliês didáticos" – como dispositivo de pesquisa e formação docente, trazendo à baila e como prerrogativa a Didática Sensível.

No quinto capítulo, "O ateliê didático como dispositivo de formação sensível para professores da Educação Superior", apresentamos a Didática Sensível como pilar conceitual e base metodológica dos ateliês didáticos em um projeto criativo de formação continuada para professores universitários. Trazemos exemplos de como o projeto se firma numa perspectiva inovadora na Universidade Federal da Bahia.

E, finalmente, no sexto e último capítulo, "Por uma Didática Sensível no contexto da pós-modernidade", trazemos à baila uma entrevista realizada com Michel Maffesoli por ocasião do estágio pós-doutoral desenvolvido na Universidade Paris 5, sob sua supervisão. Na entrevista, discorremos sobre raciovitalismo, pós-modernidade, educação universitária e Didática Sensível.

Cristina d'Ávila,<br>Janeiro, 2022

# I

# Uma compreensão sobre os paradigmas didáticos nas trilhas percorridas

*"A Didática é a ciência profissional dos professores. Ela é o meio mais importante para um profissional aprender a ensinar visando o desenvolvimento das capacidades intelectuais dos alunos e desenvolvimento da personalidade."*
(José Carlos Libâneo)

## 1. Breve introdução

Para chegar ao que intitulamos como Didática Sensível, foi preciso trilhar por sendas que me formaram como professora de Didática na Educação Superior. As trilhas percorridas foram necessárias e deixaram marcas que datam da formação inicial como pedagoga em um período de obscurantismo político e enaltecimento de uma abordagem marcadamente tecnicista na educação. A Didática que conhecemos no curso de Pedagogia do início dos anos 1980 estava fundamentada na racionalidade instrumental. Era uma Didática de caráter eminentemente técnico e normativo.

Neste capítulo, além do Tecnicismo, como tendência pedagógica em vigor desde os anos da ditadura, traremos à baila as Pedagogias Críticas que fizeram o fluxo contrário naquele momento histórico e na atualidade.

Desenvolvemos uma visão analítica das Pedagogias Construtivista e Socioconstrutivista que também vigoraram na educação brasileira a partir dos anos 1990 e concluímos em prol da Didática Sensível no seio de uma Pedagogia Raciovitalista.

## 2. O Tecnicismo pedagógico-didático

O que se convencionou chamar de Tecnicismo no meio acadêmico foi uma tendência que se efetivou na prática profissional de professores de vários segmentos de ensino a partir de um ideário pedagógico de caráter pragmático e pretensamente neutro. O sufixo "ismo" refere uma ideia de fenômeno linguístico e, dentro dele, uma representação de sistema. A perspectiva tecnicista na educação brasileira surgiu nos anos 1970, depois de instalado o governo militar de 1964, em oposição ao ideário democrático da Escola Nova em vigor antes do golpe. Depois da Teoria Geral de Administração, como primeira sistematização sobre a organização do trabalho e seu controle, é no âmbito da Teoria Geral dos Sistemas que a racionalização e o controle referidos alcançam grande repercussão.

No Brasil, tal ideologia se concretiza na política administrativa do Estado e, no campo educacional, a partir de uma pedagogia que se pretendia capaz de responder à propalada eficiência do sistema de ensino em todos os seus níveis. Ao lado dessas concepções, o *behaviorismo* e o positivismo foram referências incorporadas ao ideário tecnopedagógico tendo em vista o atendimento de níveis cada vez mais elevados de eficiência e eficácia exigidos pelo modelo econômico desenvolvimentista em voga no País dos anos 1970.

A Lei de Diretrizes e Bases da Educação Nacional naquele período (Lei n. 5.692/1971) evidenciava o enfoque sistêmico e a Teoria Comportamentalista de Skinner; estava instituído no Ensino Fundamental

> O conceito básico da Teoria de Skinner é o de comportamento operante, caracterizado pelas relações que estabelece com o meio ambiente, ao receber deste meio influências determinantes. A relação estímulo-resposta corresponde à síntese do conceito de aprendizagem comportamentalista defendida pelo autor.

toda uma orientação profissionalizante com base em conteúdos técnicos e em uma ideologia de eficiência, meritocrática e esvaziada de sentido político transformador. Estavam fora do currículo disciplinas que visavam a formação da consciência crítica, como Sociologia e Filosofia no Nível Médio.

Do ponto de vista didático, essa tendência visa o ajustamento dos objetivos de ensino (objetivos instrucionais) às exigências do sistema social, sem fugir aos critérios de maximização de rendimentos e minimização de custos. Os objetivos eram classificados em objetivos terminais e parciais, intermediários, mediatos e imediatos. A mediação didática faz-se pelos recursos tecnológicos, dentre os quais ganham destaque os livros didáticos. Mais do que nunca fragmentado em instruções sobre como fazer, responder aos exercícios e avaliar-se; esse recurso de ensino, somado às máquinas de ensinar, ao Método Keller, à instrução programada e a outras técnicas e artefatos, substitui a figura dos professores e o ensino, como processo de criação (D'AVILA, 2013).

Na Didática Tecnicista dos anos de 1970, a taxonomia de objetivos formulada por Benjamin Bloom (1997) resume sua lógica interna. Taxonomia é um termo muito usado na ciência biológica e aplicável à denominação da Teoria de Bloom. Refere-se a uma classificação hierárquica de objetivos educacionais voltados à aprendizagem de estudantes em diferentes níveis de ensino. Este foi um trabalho que resultou de uma comissão de especialistas de várias universidades americanas nos anos 1950. Até hoje, essa taxonomia é referida em trabalhos acadêmicos e ganha projeção com o Neotecnicismo em voga nos marcos legais advindos da política neoliberal implantada no Brasil pós-2016.

Bloom (1997) e sua equipe entendiam a aprendizagem a partir de três campos:

a) O cognitivo, que se refere a habilidades intelectuais.
b) O afetivo, que se refere a questões emocionais: sentimentos, valores, atitudes.
c) O campo psicomotor, que abrange habilidades motoras ou técnicas de execução de tarefas.

Cada domínio desses campos define hierarquicamente os objetivos de ensino com ênfase no domínio cognitivo, organizados a partir das categorias:

1. Conhecimento.
2. Compreensão.
3. Aplicação.
4. Análise.
5. Síntese: "Representa processos nos quais o indivíduo reúne elementos de informação para compor algo novo que terá, necessariamente, traços individuais distintos".
6. Avaliação.

(SANTANA JUNIOR; PEREIRA; LOPES; 2008).

A Didática Tecnicista tomou para si essa classificação como verdade e, assim, passou a basear sua estruturação lógica. A taxonomia de Bloom, datada de 1956, inspirava a concepção e a organização dos processos de ensino e aprendizagem. (FERRAZ; BELHOT, 2010). Essa era uma compreensão hierarquizada dos processos cognitivos inerentes à aprendizagem escolar, o que gerou uma taxonomia muito influente no ensino de Didática que passou a adotar uma linguagem padronizada para a elaboração de objetivos de aprendizagem a partir de verbos que seguissem a categorização enunciada. Aliada à psicologia behaviorista em voga, essa compreensão corroborou a Didática prescritiva, técnica, normativa. A tarefa dos professores consistia, então, em modelar as respostas que fossem apropriadas a objetivos instrucionais.

A tendência tecnicista vigorou desde os anos 1970 até arrefecer suas forças, no final 1980 e 1990, com o advento das Pedagogias Críticas, e reacender sua centelha na atualidade em que a ideologia neoliberal ganha força. É necessário lembrar que, par e passo a essa tendência, o ideário pedagógico crítico de Paulo Freire (1996), de caráter libertador e emancipatório, resistia, mesmo com o exílio político de seu precursor. Assim, desde os anos 1980 e 1990, pedagogias críticas, como a Pedagogia de Freire, a Pedagogia Histórico-Crítica e a Pedagogia Crítico-Social dos Conteúdos, erigem como força motriz em sentido contrário ao conservadorismo da educação tecnicista implantada.

## 3. Pedagogias e Didáticas Críticas emergem como um fio de esperança

Nas trilhas percorridas durante a formação inicial em Pedagogia e pós-graduação em Educação – mestrado e doutorado (no final dos anos 1980), devemos destacar nossa adesão à Pedagogia Histórico-Crítica e, por conseguinte, à Didática afinada àquele ideário. Naquele momento histórico e no auge das discussões sobre a Pedagogia Histórico-Crítica, ideário pedagógico proposto por Dermeval Saviani (1984), e Pedagogia Crítico-Social dos conteúdos, elaborada por José Carlos Libâneo (1986), vivia-se igualmente uma discussão profunda sobre os rumos da Didática.

Assim, nesse contexto, engendra-se o seminário "A Didática em Questão", de 1982, realizado na Pontifícia Universidade Católica do Rio de Janeiro (PUC-RJ), liderado por Vera Candau, que contava com a presença de vários educadores do País, e anunciava o advento de uma Didática Fundamental (1985).

A assunção da docência universitária, naquele momento histórico, levou-nos, como docente, a professar as Pedagogias Críticas, a partir de Saviani (1984) e Libâneo (1986), em seu bojo, a Didática Fundamental em um contexto de sérias críticas ao regime autocrático em voga. Em um cenário que se descortinava, de abertura política, não havia espaço para o Tecnicismo. Subsumida a visão técnica pelas críticas sociais, as análises sociológicas ganharam o terreno antes dominado pela psicologia cognitivista e behaviorista no campo da Pedagogia.

Na Pedagogia Histórico-Crítica (PHC), os professores ultrapassam o paradigma de transmissores do conhecimento e adotam a postura de mediadores. Responsáveis pelos conteúdos, emanam deles os métodos e as formas válidas de se trabalhar o conhecimento. O mais importante é a assimilação do conteúdo crítico e fomentador de uma consciência transformadora do real.

Dermeval Saviani, em 1984, publicou o livro *Escola e democracia,* no qual anunciava suas onze teses em favor de uma Pedagogia progressista.

A ideia estava em buscar uma síntese superadora entre as tendências tradicional (que tinha nos professores os detentores e transmissores de um saber abstrato) e escolanovista (ideário de Anísio Teixeira, que tem na aprendizagem dos educandos o motor fundamental das práticas de ensino). Saviani propunha uma Pedagogia na qual o aluno pudesse ser respeitado como sujeito, mas que não fosse ele o principal protagonista do processo ensino-aprendizagem. Propunha uma relação horizontal entre estes sujeitos do ato educativo (professor e alunos), sem destituir os professores de sua autoridade pedagógica. A centralidade pedagógica está na valorização do conteúdo elaborado a ser assimilado criticamente pelo alunado, direito de todo cidadão.

A educação escolar, como atividade mediadora no seio da prática social mais ampla, propiciaria uma passagem na vida do indivíduo que, de posse do saber sistematizado de modo crítico, poderia, então, atuar no seu meio social, em prol das transformações das estruturas sociais. Saviani (1984) acreditava, e acredita, no potencial transformador da escola e da própria sala de aula: "Essas transformações, embora específicas da prática educativa (escolar), constituem-se partes importantes de transformações que se dão nas demais modalidades da prática social global" (SAVIANI, 1984, p. 99). Assim, a ação pedagógica "cumpre já na própria produção uma dimensão política, que lhe é, portanto, intrínseca" (SAVIANI, 1984, p. 99).

Do ponto de vista didático, Saviani (1984, 2011) propôs, como ponto de partida, a prática social (primeiro passo), comum a professores e alunos. O movimento didático principiava com uma visão sincrética, provinda do senso comum, para um movimento de síntese (visão sistêmica da prática social). A culminância do processo seria a prática social vista sob o ângulo da crítica social – a prática social transformada do ponto de vista do sujeito aluno. A prática social, pois, constitui nesta teoria o suporte e o contexto (SAVIANI, 1984).

Concomitantemente José Carlos Libâneo (1996, 2019) engendra a Pedagogia Crítico-Social dos Conteúdos. Segundo Libâneo (1986, p. 78), o professor, para exercer a sua prática pedagógica transformadora, necessitaria de uma teoria que explicitasse a direção pretendida, "extraída de uma concepção de educação enquanto prática social transformadora".

Para o autor, o trabalho docente consiste em buscar transmitir os conteúdos culturais universais, compreendendo os meios pelos quais os alunos se apropriam desses conteúdos. Nesse particular, parte do conhecimento didático se refere às mediações que promoverão o encontro entre o aluno – e seu currículo oculto – e o saber escolar. Dessa forma, é o professor também "portador das mediações que tornarão viáveis o trabalho docente que garanta o acesso do aluno ao saber escolar" (LIBÂNEO, 1986, p. 140). A atividade nuclear do trabalho docente seria o encontro entre o aluno e o objeto de conhecimento, "cujos resultados formativos passam por inúmeras mediações que contextualizam a situação pedagógica (contexto sociopolítico-cultural, contexto sociopsicológico, processos mentais implicados na aquisição e apropriação dos conhecimentos, processos de seleção de conteúdos básicos das matérias e organização da sua sequência lógica, especificidade metodológica de cada matéria etc.)" (*Idem*, p. 141). Essas mediações constituiriam, segundo Libâneo, a base da prática pedagógica e de sua Didática Desenvolvimental, mais recentemente, a qual abordaremos mais adiante neste capítulo.

Cremos que inspirada nessas correntes de pensamento pedagógico deslindadas, e no mesmo período histórico da década de 1980, a Didática Fundamental é germinada e brota em solo fértil. Fruto do Seminário "A Didática em Questão", organizado por Vera Maria Candau, na Pontifícia Universidade Católica do Rio de Janeiro, no ano de 1982, o seminário traz à luz uma Didática que se contrapõe ao ideário tecnicista. E ocupa um espaço deixado em aberto na Pedagogia Histórico-Crítica, a nosso ver. A autora Candau (1985) desenvolve um estudo muito bem articulado em prol de uma Didática que resulta da síntese entre a dimensão técnica, dantes hipertrofiada na Pedagogia tecnicista, e a dimensão humanista – igualmente hipertrofiada na Escola Nova – e inclui a necessária dimensão político-social numa Didática intitulada de Fundamental.

A proposta de uma Didática Fundamental traz luzes para a área, reanimando o debate em torno de práticas pedagógicas críticas e emancipadoras.

Essa Didática passa a representar o escopo sobre o qual muitos educadores e autores da área passam a engendrar suas práxis, principalmente no ensino universitário e mormente em cursos de licenciatura, incluindo-se destacadamente o curso de Pedagogia.

A Didática Fundamental se ressignificou e novas Teorias Didáticas emergiram, as quais abordaremos adiante e ao final deste capítulo.

## 4. O advento da Pedagogia e Didática Construtivista e Socioconstrutivista

Embora a Pedagogia Crítica tenha se tornado presente no Ensino Superior, isso não aconteceu na Educação Básica. Nesta, entrava em vigor com muita força a Pedagogia Construtivista e Socioconstrutivista, apoiadas nos estudos de Piaget (1970a; 1970b) e na epistemologia de Vygotsky (1984; 1987).

Esse fenômeno teve lugar no Brasil a partir da legislação em voga desde 1996, a Lei de Diretrizes e Bases da Educação Nacional n. 9.394 (LDB n. 9.394/1996). Também conhecida como Lei Darcy Ribeiro, a LDB traz em seu conteúdo muito do ideário pedagógico moderno defendido por Anísio Teixeira, do qual Darcy Ribeiro fora signatário, aportando características da tendência que se firma como Pedagogia Construtivista.

Se, por um lado, a Educação Superior, dos anos 1990, passa a sustentar uma Pedagogia Crítica na base profissional de seus formandos, ainda que com lacunas no âmbito psicopedagógico, na Educação Básica, floresce o construtivismo. Sobretudo com a edição dos Parâmetros Curriculares Nacionais (PCN), lançados pelo então ministro da educação Paulo Renato Souza, no ano de 1998. Data desse período também a elaboração dos Referenciais Curriculares para a Educação Infantil (RCNEI), de cunho marcadamente construtivista.

O consultor para elaboração dos PCN foi o psicólogo e pedagogo espanhol César Coll. Além de Coll (2001) e colaboradores, foi convidada para assessoria dos RCNEI à mesma época (1998) a educadora argentina Ana Teberosky, especialista em Educação Infantil e Alfabetização sob o prisma construtivista.

O construtivismo pedagógico pode ser compreendido como conjunto de pensamentos psicopedagógicos organizados empiricamente e fundamentados em inúmeras pesquisas, sobretudo em textos de Jean Piaget (1970a; 1970b) e Lev Vygotsky (1984; 1987). O estudo dessas teorias está presente no livro *Decifra-me ou te devorarei: o que pode o professor frente ao livro didático?* (D'ÁVILA, 2013). Nessa obra, trouxemos à baila uma longa reflexão sobre o fenômeno da mediação no ensino – mediação didática – e, nesse ínterim, o estudo sobre a mediação didática em diferentes teorias pedagógicas em voga na história da educação brasileira. Nesse sentido, alguns dos substratos das teorias pedagógicas que trazemos aqui têm seus fundamentos no livro mencionado.

A Pedagogia Construtivista funda-se na epistemologia piagetiana. Para Piaget (1970a), as ações físicas e lógico-matemáticas são as duas principais fontes dos conhecimentos científicos, ações essas que não podem ser consideradas isoladamente; o que importa ao conhecimento é o esquema dessas ações, o que é geral e pode ser transposto de uma situação a outra. O esquema é, pois, o resultado da generalização das ações. Nessa vertente, a aprendizagem realiza-se a partir de processos cognitivos de assimilação e acomodação sucessivos e simultâneos com tendência ao equilíbrio. Os aspectos mais importantes envolvendo a aprendizagem e o desenvolvimento cognitivo na Teoria Piagetiana podem ser assim resumidos:

a) A base do conhecimento é a atividade mental construtiva do aluno.
b) Educar significa propor desafios cognitivos.
c) Para modificação e enriquecimento progressivo dos esquemas de conhecimento, é preciso que os professores sejam capazes de gerar o conflito e sua possibilidade de resolução, bem como de gerar a confrontação de pontos de vista divergentes na sala de aula.

d) A cooperação social, que pressupõe a coordenação das operações de dois ou mais sujeitos; a procura da reciprocidade entre pontos de vista (D'ÁVILA, 2013).

Estavam, assim, estabelecidas as bases para a constituição de uma Didática Construtivista.

Em Vygotsky (1984; 1987), a dimensão sociocultural está na base do desenvolvimento humano, chamando a atenção para a função mediadora da linguagem e dos instrumentos da ação humana. Para ele, todos os processos psicológicos superiores (comunicação, linguagem, raciocínio, entre outros) são adquiridos primeiramente em um contexto social e só depois se internalizam. Portanto, a cultura é parte da natureza humana em um processo histórico que molda o funcionamento psicológico do ser humano. O sistema de signos construídos historicamente é o elemento responsável pela mediação das pessoas entre si e entre estas e o mundo. A relação, então, do ser humano com o mundo não é direta, mas mediada por signos culturalmente constituídos pela atividade humana. A linguagem tem particular destaque nessa interpretação.

Vygotsky (1987) distingue dois elementos básicos nesse processo de mediação: o instrumento, que tem por função regular as ações sobre os objetos, e o signo que regula as ações sobre o psiquismo humano. Para o autor (1987), a linguagem significa o sistema simbólico fundamental na relação entre os grupos humanos, organizando os signos, historicamente, em estruturas complexas. A linguagem permite, assim: primeiro, que o homem se relacione com os objetos do mundo exterior, mesmo que ausentes; segundo, permite abstrair e generalizar (por exemplo, uma palavra como "árvore" designa qualquer tipo de árvore) a partir do uso de categorias, nas quais se inserem os objetos. E, terceiro, a linguagem permite a comunicação social, o que garante a transmissão e preservação de valores/informações construídas socialmente e acumuladas historicamente pela humanidade.

Na Didática Socioconstrutivista, aprende-se quando se é capaz de elaborar uma representação sobre determinado objeto da realidade ou de um conteúdo que se deseja aprender. Essa elaboração não é vazia, mas mediada por múltiplas experiências, interesses, conhecimentos prévios que darão conta de uma nova ressignificação. A mediação didática, nessa tendência, é, então, um processo compartilhado, no qual o aluno aprende graças à intervenção dos professores, no estudo e na resolução de múltiplas tarefas. A mediação didática deverá, então, incidir sobre a capacidade construtiva do educando desafiando-o, instigando-o. Essa ajuda dos professores deve atuar na zona de desenvolvimento proximal (ZDP), entre o nível de desenvolvimento efetivo e o nível de desenvolvimento potencial que o educando pode atingir. Um espaço, pois, entre aquilo que o sujeito já conhece e aquilo que ele pode potencialmente aprender (D'ÁVILA, 2013).

Muitos professores da Educação Básica em finais do século XX viram-se diante de um dilema fundamental: deixar de lado os saberes pedagógicos e didáticos provindos de uma Pedagogia do tipo transmissivo-conteudista para dialogar com a Pedagogia Construtivista. Instados à categoria de professores construtivistas, diversos assumiram a sala de aula sem o devido preparo psicopedagógico. Muitas das críticas feitas à educação à época se reportavam às consequências mal versadas do construtivismo. Então, entre os anos 1990 e os primeiros anos da primeira década do novo século XXI, essa tendência pedagógica nas escolas básicas, a partir de um olhar global, significou um misto de esperança e medo diante do novo por parte de número significativo de professores.

Bernard Charlot (2013, p. 24) descreveu o fenômeno da seguinte forma:

> *As professoras brasileiras, como a maioria dos docentes, no mundo inteiro, são basicamente tradicionais. Entretanto, essas professoras tradicionais sentem-se obrigadas a dizer que são construtivistas! Têm práticas tradicionais porque a escola é organizada por tais práticas e, ainda que seja indiretamente, impõe--nas. Declaram-se construtivistas para atenderem à injunção axiológica: para ser valorizado, o docente brasileiro deve dar-se por construtivista.*

Com a compreensão vaga de que aprender é construir conhecimentos e de que alfabetização é um processo que acontece ao longo da vida, transferiu-se para o aluno um peso demasiado em sua responsabilização para o aprender. Aliado a isso, podemos citar, como variáveis possíveis a concorrer para resultados escolares questionáveis no âmbito da Educação Básica da rede oficial de ensino, o vácuo nos conteúdos escolares, a falta de uma socialização familiar calcada na cultura letrada, a formação precária dos professores e as suas péssimas condições de trabalho. Muitos alunos, na atualidade, concluem o Ensino Fundamental mal sabendo interpretar o que leem. Muito se culpou a Pedagogia Construtivista ou os professores como maiores responsáveis por tal malogro; contudo, é necessário ampliar o olhar para o contexto educacional, para as condições socioeducacionais dos alunos e dos professores da Educação Básica, assim como para as suas formações pedagógicas àquela época.

As Pedagogias Construtivas (Construtivista e Socioconstrutivista) ainda estão em voga, com suas ressignificações, nas escolas da Educação Básica, tanto na esfera da Rede Pública quanto, majoritariamente, na Rede Privada e, sobretudo, na Educação Infantil e nos Anos Iniciais do Ensino Fundamental. Não obstante e de forma paradoxal, assistimos, hoje, a uma retomada do conservadorismo característico da tendência tecnicista. Com a reforma da Educação Básica, aprovada em 2017 pelo governo neoliberal instaurado no Brasil em 2016, tem-se a implantação da Base Nacional Comum Curricular (BNCC). E com ela a extinção, praticamente, de matérias fundamentais à formação do pensamento crítico, como a Filosofia e a Sociologia (que passam a ser optativas no currículo). A BNCC é um documento de caráter normativo que define as linhas gerais orientadoras dos currículos da Educação Básica nos diferentes Estados brasileiros, fundado na lógica das competências. Essa nova onda neotecnicista recém-implantada conduz, por seu turno, os cursos de formação de professores a uma reorganização curricular (BRASIL, 2019) e, nesse sentido, impacta a compreensão do campo didático, reduzindo-o a uma área de conhecimento sem identidade própria, servindo de cenário para a formação de professores em uma visão extremamente pragmatista.

## 5. Uma síntese das Teorias Didáticas para trazer à luz a Didática Sensível

Muitos programas de formação pedagógica inicial e contínua de professores da Educação Básica foram instituídos a partir dos anos 2000. Com um governo popular eleito em 2003 e em voga até 2015, vivia-se, na Educação brasileira, a expansão da universidade pública e grande investimento na infraestrutura e formação dos professores da Escola Básica (Educação Infantil, Ensino Fundamental e Médio). Programas de formação de professores da Educação Básica, como o Programa Nacional de Formação de Professores da Educação Básica (Parfor), e bolsas de incentivo à formação de novos professores, como o Programa Institucional de Bolsa de Iniciação à Docência (Pibid), para alunos de licenciatura nas universidades, e outros projetos, foram exemplos de uma política com um olhar mais atento para a Educação.

> O Parfor é uma ação da Coordenação de Aperfeiçoamento de Pessoal de Nível Superior (Capes) que visava fomentar a oferta de Educação Superior para profissionais do Magistério que estivessem no exercício da docência na rede pública de Educação Básica e que não possuíssem a formação superior. Disponível em: www.capes.gov.br. Acesso em: 26 maio 2020.

> O Pibid é um programa de incentivo e valorização do Magistério e de aprimoramento do processo de formação de docentes para a Educação Básica, criado pelo Decreto n. 7.219/2010 e ação da Capes. Disponível em: www.capes.gov.br. Acesso em: 26 maio 2020.

Todavia, o povo brasileiro sofreu uma grande derrocada do regime político democrático em 2016 com o advento do golpe parlamentar que instituiu um governo provisório que trazia a marca do neoliberalismo (2016--2018). Essa situação se tornou aguda em 2018, com a eleição de um governo de extrema direita. A partir desse momento, uma nova agenda de caráter ultraconservador tem ameaçado a Educação Pública em todos os seus níveis. A universidade, sobretudo, vem sendo diuturnamente atacada com medidas de privatização em meio à resistência da comunidade universitária.

Nesse contexto, as Pedagogias Críticas ressignificaram-se e passaram a agir em sentido contrário ao Neotecnicismo em vigor como uma práxis de resistência. Como não há Pedagogia sem Didática (senão estaríamos falando em modelos abstratos de educação e ensino), as Didáticas Críticas, mormente a Didática Fundamental, se ressignificaram enquanto outras tendências começam a despontar. Nesse aspecto, os estudos de Gasparin (2002) sistematizam a Didática Histórico-Crítica, de Saviani (2011).

Segundo Gasparin (2002), os passos dessa Didática podem ser resumidos da seguinte maneira:

1. **Prática social inicial como ponto de partida:** significa que os professores devem estar aptos a auscultar e a diagnosticar o que seus alunos trazem como prática social na bagagem. Leva-se em conta o saber dos professores e os saberes dos alunos sobre o conteúdo da disciplina que se está lecionando. Essa interação ocorre em níveis diferenciados. Primeiro, os professores expõem o que conhecem sobre o assunto, anunciando os conteúdos a serem trabalhados e em perspectiva dialógica, conciliando esse saber com as teorias provisórias que os alunos trazem sobre os assuntos abordados.

2. **Problematização:** explicação dos principais problemas presentes na prática social e que tenham relação com os conteúdos da disciplina a ser lecionada e ao conteúdo que será tratado. Nesse ponto, os professores propõem:

    a) Uma discussão na classe sobre os problemas levantados em relação ao conteúdo (problemas de ordem social, política, econômica, religiosa, ética, entre outros).

    b) Esse conhecimento evoca questões a serem trabalhadas na classe, considerando múltiplas referências nesse debate.

3. **Instrumentalização:** visa instrumentalizar os alunos quanto à apreensão inteligível dos conhecimentos propostos a partir dos seguintes pontos:

a) Os professores apresentam os conteúdos por meio de ações ou práticas adequadas; os educandos fazem uma comparação mental (assimilação) entre estes conteúdos e suas vivências sociais.

b) Eles devem usar todos os recursos metodológicos disponíveis para estabelecer a mediação didática entre alunos e conhecimento.

4. **Catarse:** nesse ponto, os alunos que já assimilaram o conhecimento são capazes de produzir sínteses que são realizadas:

a) A partir da síntese mental, apresentando o educando uma nova postura diante do conhecimento que foi apropriado.

b) A síntese produzida é expressa com base em instrumentos de avaliação, formal ou informal, de que lançam mão os professores, para que os alunos sejam capazes de expressar o que aprenderam.

5. **Prática social final:** esse é o ponto de chegada da prática educativa. A prática social vivenciada pelos alunos, encarada agora de forma crítica e transformada por um ponto de vista transformador. Isso se expressa:

a) Por uma nova postura dos alunos diante da realidade social.

b) Pelas ações sociais empreendidas pelos alunos em seu cotidiano, a partir de uma consciência crítica mediante posse dos novos conhecimentos científicos.

Na seara das Pedagogias Críticas, a Didática de caráter multidimensional é ressignificada por Pimenta e Franco, que assumem como princípio matricial o ensino com pesquisa, ou seja, atividades didáticas que agreguem estratégias investigativas, levando os alunos à problematização do conhecimento e ampliação do olhar sobre o real concreto (PIMENTA, 2019). O princípio dialógico, de inspiração freireana, como segundo princípio, conducente da criticidade e superação do empírico pelo concreto, em uma transitiva crítica que conduz à ação. O terceiro princípio da construção de processos da práxis, o que requer o exercício da conscientização dos sujeitos envolvidos na ação – professores e alunos – no e sobre o mundo, capaz de produzir mudanças na vida dos alunos. Menciona-se como quarto princípio a construção de processos de mediação didática, a partir do qual o ensino de conteúdos deve provocar aprendizagens significativas e reconhecimento, pelos professores, de sua capacidade mediadora. O quinto princípio seria considerar a existência de uma rede de saberes da ciência pedagógica entrecruzados com saberes das demais Ciências da Educação na criação das atividades.

Vislumbra-se também a Didática Desenvolvimental, de José Carlos Libâneo (2013, p. 71), autor da Pedagogia Crítico-Social dos Conteúdos. Para o autor, ela considera a atividade de ensino "como meio de promover e ampliar o desenvolvimento mental dos alunos, provendo os modos e as condições que asseguram a atividade de aprendizagem do aluno".

A Didática Desenvolvimental adota como pressupostos:

a) O aluno deve interiorizar os conteúdos, formando processos mentais próprios de cada ciência e, assim, desenvolver o pensamento teórico-científico;
b) A Didática deve ter por centralidade a atividade de aprendizagem, visando desenvolver ações e operações mentais a partir dos conhecimentos apreendidos;
c) A aprendizagem envolve trabalhar com conceitos nucleares e seus nexos constitutivos.

A Didática concretiza-se em planos de ensino que devem trazer em seu bojo:

a) A identificação do núcleo central da matéria de ensino.
b) A construção de uma rede de conceitos básicos nucleares e ramificações a serem apreendidos.
c) A identificação das ações mentais, habilidades cognitivas a partir dos processos investigativos inerentes aos conteúdos da matéria.
d) A formulação de situações problematizadoras.
e) A avaliação capaz de diagnosticar os níveis de aprendizagem dos alunos

Esses foram alguns dos paradigmas pedagógicos e didáticos que pulsaram e ainda vigoram na atualidade e diante dos quais mantemos uma postura de muito respeito e admiração. Como o movimento histórico é dialético pela força das contradições que lhe são imanentes, vimos no pulsar da história novos paradigmas didáticos se insurgirem, entre os quais podemos citar a Didática Intercultural de Candau (2019, p. 275):

> *Trabalhar as diferenças culturais no cotidiano escolar constitui, sem dúvida, uma exigência do momento atual se quisermos oferecer às nossas crianças e jovens processos educativos que promovam respeito mútuo, diálogo e reconhecimento da dignidade de toda pessoa humana.*

A autora parte de algumas categorias centrais em sua Didática Intercultural. Primeiramente, a categoria "Sujeitos e atores", que se refere às relações entre sujeitos individuais, assim como coletivos sociais que integram diferentes grupos socioculturais. Afirma que a "interculturalidade crítica" fortalece as identidades que são dinâmicas, abertas e plurais e potencializa o empoderamento principalmente dos sujeitos subalternizados. As práticas educativas nas escolas devem partir, pois, do reconhecimento das diferenças culturais.

A segunda categoria, "Conhecimentos", considera que existem diferentes conhecimentos, para além dos científicos validados socialmente. E que grupos socioculturais distintos também produzem conhecimentos, tradições, visões de mundo que devem ser respeitados, resguardados e situados como âncoras nos processos didático-pedagógicos empreendidos na escola. Os currículos, assim, devem incorporar referentes de diferentes culturas.

Finalmente, a categoria "Práticas socioeducativas" coloca em questão dinâmicas padronizadas e distantes dos contextos socioculturais da população estudantil. Destaca, a autora, dois aspectos de maior importância nessa categoria: "A diferenciação pedagógica e a utilização de múltiplas linguagens e mídias no cotidiano escolar" (CANDAU, 2019, p. 282).

Finalmente, a Didática Sensível, que se institui no bojo da Pedagogia Raciovitalista (D'ÁVILA, 2018).

A Didática Sensível foi tecida a partir da fenomenologia raciovitalista de Michel Maffesoli (2005) e do pensamento complexo de Edgar Morin (1990) situam-se nesse contexto. As teorias pós-críticas são críticas também ao instituído. Buscam múltiplas referências. Nada é tão absolutamente novo que não traga em si as marcas de teorias passadas. A sociologia pós-moderna de Maffesoli (2005), o conceito de sociedade líquida de Bauman (2003) e o pensamento complexo de Morin (1990) são exemplares. A perspectiva raciovitalista adotada por Maffesoli (2005) traz a compreensão da subjetividade humana subsumida nos paradigmas modernos e ressurgida na luta por direitos singulares e reconhecimento de pautas sociais antes invisibilizadas, como o feminismo, o antirracismo, a diversidade cultural e de gênero. Outras lutas que incluem a superação da situação de desigualdade econômica, mas que não deixam de reconhecer as urgentes questões ambientais e planetárias, religiosas, de renovação das ciências e revolução tecnológica. O mundo é efêmero, a informatização trouxe a velocidade das informações e criou sociabilidades fugazes. Um olhar sobre a fluidez das coisas, fatos e relações, na compreensão de Bauman (2001). Uma compreensão da tessitura social para além do infraestrutural, trazendo à tona as emoções, pulsões e distintas narrativas nas interpretações sociológicas. O lúdico. As manifestações populares; os saberes populares. O saber sensível.

No campo educacional, a compreensão de que educar não é conformar mentes, mas transformá-las. Na perspectiva transdisciplinar de Morin (2002), não há espaço para fronteiras de um pensamento hiperespecializado que assume para si a máxima de Montaigne: "Mais vale uma cabeça bem-feita que uma cabeça cheia". Estamos de acordo.

Atravessadas por visões abertas e que acolhem múltiplas linguagens, fizemos uma opção pelo sensível, uma dimensão que inclui o lúdico e a estética na educação, sem desprezar a visão crítica da realidade social, particularmente no campo da Didática. A partir de uma racionalidade que extrapola o pensamento abstrato e defende a aliança inelutável entre o aspecto inteligível e sensível do humano.

# II

# Pedagogia Raciovitalista: fundamentos e princípios

*"Saber recuperar o ritmo da vida, saber perceber a musicalidade deste mundo, saber saborear a beleza da existência, necessita que saibamos ser 'trovadores'"*
(Michel Maffesoli)

> "Savoir repérer, ai-je dit récemment, le rythme de la vie, savoir percevoir la musicalité de ce monde-ci, savoir goûter la beauté de l'existence, nécessite que nous sachions en être les 'troubadours'" (T. A.).

## 1. Breve Introdução

A Pedagogia Raciovitalista sorve de variadas fontes, tendo como matrizes paradigmáticas fundamentalmente a fenomenologia raciovitalista de Michel Maffesoli (2005) e a Teoria da Complexidade de Edgar Morin (2002). São sínteses capazes de colher as centelhas que se complementam e que se podem coadunar em um novo conhecimento didático-pedagógico. O conhecimento é uma representação mental e sensível das coisas, primeiramente em um nível perceptivo e depois em nível conceptual (MORIN, 1990, 2002; MAFFESOLI, 2000, 2005, 2010).

A epígrafe que trazemos neste capítulo sintetiza bem a Teoria Raciovitalista de Maffesoli, em seu livro *Éloge de la raison sensible* [*Elogio da razão sensível*], publicado pela primeira vez em 1996, pelas Éditions Grasset & Fasquelle, em Paris. O sociólogo, após o sucesso obtido com a tese sobre o tribalismo (MAFFESOLI, 2000), dá ênfase a outra lógica, completamente desprezada pelos racionalistas ocidentais, sobretudo franceses, operada pela dialética entre razão e sensibilidade. Na teoria sobre o Tribalismo, o autor assinala que a solidariedade ou a religião podem servir de cenário aos fenômenos grupais que assistimos na contemporaneidade. Não sem razão, constatamos, após os atentados terroristas ocorridos em Paris assumidos pelo Estado Islâmico, em novembro de 2015, a força da Teoria de Maffesoli. Principalmente, diz ele, no que concerne à lógica da identidade. Os jovens necessitam se reagrupar em torno de uma afeição comum, é isso que vem regendo os grupos sociais que na atualidade emergem, seja com uma lógica positiva, construtiva, seja a partir de uma lógica da destruição, como no exemplo que trouxemos aqui. O individualismo da Era Moderna aumentou à proporção da insatisfação do ser humano com o *establishment*, até se tornar seu contrário. Novos reagrupamentos, novas tribos se forjam sob a égide de outra estética, entendida como a faculdade comum de sentir. A sensibilidade dá o tom dessa outra socialidade, em que a palavra provinda dos discursos políticos é silenciada. Uma religiosidade que designa a saturação dos grandes sistemas e macroestruturas. Essa *nébuleuse afectuelle* caracteriza a socialidade atual: o vaivém das tribos. São tribos que se organizam e se reorganizam, de forma atomizada; assim, o neotribalismo se caracteriza pela fluidez, pelos encontros casuais e pela dispersão. Os espetáculos de rua são exemplos: movimento *punk*, *funk* das comunidades do Rio, o *look rétro*, outros *looks*, enfim, marcam uma nova ambiência estética que opera em uma lógica de condensação instantânea, podendo ser frágeis, mas com forte investimento emocional.

"J'ai déjà montré à propos de la vie quotidienne comment la profondeur pouvait se cacher à la surface des choses. D'où l'importance de l'apparence... elle est vecteur d'agrégation... est un moyen de d'éprouver, de sentir en commun" (T. A.).

Em síntese, afirma Maffesoli (2000, p. 139): "Eu já demonstrei a propósito da vida cotidiana como a profundidade podia se esconder na superfície das coisas. De onde a importância da aparência... ela é vetor de agregação, e um meio de provar, de sentir em comum". Isso assinala a importância que tem, em sua teoria, a dimensão sensível da existência social.

O outro fundamento que rege a Pedagogia Raciovitalista, ou Pedagogia da Razão Sensível, é a epistemologia da complexidade. De natureza complexa, a Pedagogia anunciada parte de uma outra racionalidade: intricada, em rede, compreensiva, hologramática. De Edgar Morin (2002), sorvemos os conceitos que são basilares. A dialogia, a relação imbricada entre o global e local, a recursividade. O conhecimento e a relação com o saber construída pelos educadores e educandos não perdem de vista uma única certeza: a incerteza dos fenômenos humanos e inumanos. A compreensão de que não há verdade, mas verdades. E, por consequência, a defesa de um ensino que parte de uma visão plurívoca das ideias, dos pensares e dos fazeres.

Edgar Morin (1990, 2002) constrói sua compreensão sobre o Pensamento Complexo desde os anos 1970. O paradigma da complexidade nasce em oposição ao da simplificação. O paradigma da simplificação (disjunção e redução), próprio da ciência positivista, busca colocar ordem no universo, ao estudá-lo, escondendo a própria desordem, e tendo a ordem reduzida a uma lei ou a um princípio. A ideia do complexo parte, em oposição, da incerteza, da incapacidade de formular uma lei ou de conceber uma ordem absoluta. Assim, o autor recusa as consequências reducionistas do pensamento simplificador que apenas reconhece o concreto, e aspira a um conhecimento multidimensional, o que inclui as subjetividades, em uma só palavra, o reconhecimento do sensível (MORIN, 2008).

Neste capítulo, trazemos, pois, à luz os fundamentos e princípios que regem a Pedagogia Raciovitalista.

## 2. Teoria Raciovitalista: uma visão

Para entendermos a Teoria Raciovitalista, vamos discorrer sobre os princípios que a regem, o primeiro, sendo a razão interna e, em seguida, o pensamento orgânico. A partir destes, têm-se a fenomenologia compreensiva como método e a intuição como o modo de pensar sensível e de interpretar o real.

Ao conceituar o que chama de razão interna – uma racionalidade aberta e oposta ao racionalismo estático –, Maffesoli (2005) ressalta uma força instintiva, ou mesmo, demoníaca, pela qual se exprime a sinergia entre razão e sensibilidade. Para o autor, tudo que é da ordem da paixão deverá servir como motor para a compreensão dos fenômenos societais, pelo que é inevitável se conceber outra epistemologia, não mais centralizada sobre a razão abstrata, mas sobre uma razão sensível: "Em uma palavra, compreender que a racionalidade aberta integra seu contrário, e que é de sua conjunção que nasce toda a apreensão global" (MAFFESOLI, 2005, p. 68-69).

> "En un mot, comprendre que la rationalité ouverte intègre pour partie son contraire, et que c'est de leur conjonction qui naît toute saisie globale" (T. A.).

Parte, portanto, da crítica sobre a razão moderna que relegou os afetos à sombra, tanto ao nível individual quanto coletivo, era a égide da razão pura e abstrata, e propõe o *"élargissement de la conscience"* ('alargamento da consciência') como um processo epistemológico capaz de apreender a globalidade social no todo e em suas partes constituintes. É importante notar que Maffesoli (2005) não fala em negar, mas em alargar a consciência, conferindo-lhe um campo de ação mais vasto à compreensão de domínios até então interditados: os caminhos do não racional, do não lógico. Antes de mais, convida-nos a "compreender, e não a julgar todos os fenômenos, as ações, as representações humanas pelo que elas são, e não em função do que elas deveriam ser" (MAFFESOLI, 2005, p. 69).

> "Comprendre, et non à juger tous les phénomènes, les actions, les représentations humaines pour ce qu'ils sont, et non pas en fonction de ce qu'ils devraient être" (T. A.).

A partir da ampliação da consciência poderíamos chegar à ciência criadora, estabelecendo uma relação estreita entre natureza e arte, conceito e forma, corpo e espírito. O que acentua essa aliança é a vida como força pura e primaz – seria uma ciência enraizada na globalidade. Distinguindo-a do racionalismo moderno, a racionalidade aberta deseja apreender a realidade em sua totalidade, enquanto a razão instrumental se contenta em analisar o mundo real. A lógica moderna deita à sombra o imaginário, o delírio coletivo (percepção onírica) e o lúdico. Mas esses elementos estão mais do que nunca presentes em nossa realidade atual, recusando a razão estreita, pode-se apreender a razão interna das coisas, aí onde se exprime o vitalismo.

A racionalidade fechada privilegia as leis gerais aplicáveis aos fenômenos sociais (racionalidade funcional ou instrumental), conceitos estritos e fechados em si. Ao contrário disso, Maffesoli (2005) propõe uma racionalidade mais larga nascida de um pensamento audacioso e inventivo que carrega consigo um sentimento precário, aleatório, e submetido ao instante. Não há uma verdade única, geral e aplicável a todos os contextos, mas uma variedade de valores que se relativizam, misturam-se, combatem-se e são válidos em todas as situações, fenômenos e experiências que se exprimem. Isso exige um espírito menos dogmático, claro.

Maffesoli (2005, p. 72) apela para as "razões sutis" como aquela capaz de apreender a força interna dos fenômenos e suas conjunções, contra a unidimensionalidade moderna, interessa abordar a organicidade das coisas, como afirma:

"C'est tout cela que nos enseigne une rationalité ouverte et pluriel. À l'image du poème baudelairien, les sons, les couleurs, les odeurs se répondent. De même la nature et la culture entrent en interaction, le microcosme et le macrocosme se répondent, et à l'intérieur du monde social chacun, selon ses titres et ses qualités, trouve sa place dans la symphonie humaine" (T. A.).

> É tudo isso que nos ensina uma racionalidade aberta e plural. À imagem do poema baudelaireano, os sons, as cores, os odores se correspondem. Do mesmo modo, a natureza e a cultura entram em interação, o microcosmo e o macrocosmo se correspondem, e no interior do mundo social cada um, segundo seus títulos e suas qualidades, encontra seu lugar na sinfonia humana.

A razão interna, para Maffesoli (2005), tem origem na razão seminal dos gregos – um germe do qual cada indivíduo recebe uma parcela. Algo que preexiste no espírito de cada um antes de qualquer construção intelectual. Pode-se dizer de uma intuição antecipada (esse "sentimento racional") das coisas que antes mesmo do intelecto dar-se conta, a natureza humana já conseguiu apreender. Essa razão interna assegura a ligação entre o simbólico, o imaginário, a vontade ou a intuição do que está acontecendo na realidade. São essas ideias-forças capazes de apreender o estado nascente dos fenômenos sociais em sua globalidade.

Assim, o autor compreende os fenômenos da atualidade nascidos por uma força interna intangível, muitas vezes, o que as ciências sociais mais fechadas em seus dogmas são incapazes de explicar em sua abrangência: o tribalismo, os conflitos religiosos que se desdobram nos atentados a pessoas civis na Europa, movimentos sociais diversos, movimentos culturais – o tropicalismo poderia ser um exemplo – e em todos os domínios da vida, nos quais as coletividades se exprimem movidas por afetos, sentimentos e razões. Essas manifestações podem não corresponder às explicações da razão funcional ou instrumental, podem ter uma razão própria, causa e efeito de um compartilhamento de valores entre os indivíduos em seus grupos sociais. É assim que, contrário à razão pura, o mestre evoca a ideia de razão vital ou do raciovitalismo, com o fito em conhecer e poder compreender a existência em seu desenvolvimento, apreendendo suas pulsões vitais.

A ideia do raciovitalismo está no fato de que é necessário conhecer e compreender a vida (as emoções, os sentimentos partilhados das culturas comuns) localizada no entorno e dentro dos fenômenos: "Não negligenciar nada do que nos entorna, do mundo de onde pertencemos, e que é, de uma só vez, sentimento e razão" (MAFFESOLI, 2005, p. 76).

É preciso que, em oposição ao mecanicismo do racionalismo, busquemos a racionalidade orgânica dos fenômenos de uma estrutura dada. Finalmente, a pesquisa dessa organicidade faz a especificidade da realidade pós-moderna.

A compreensão do pensamento orgânico nos conduzirá à compreensão epistemológica do raciovitalismo. Para Maffesoli (2005, p. 84), o que distingue um corpo não orgânico de um corpo orgânico é que o primeiro é movido do exterior. É inanimado, enquanto o corpo orgânico é vivo, tem uma dinâmica própria, tem uma *anima* interna: "Quando tudo está junto, há vida". Ou seja, é próprio da separação que ela seja mortífera, os fragmentos, as partes quando se disjuntam, enquanto que a vida tende a reagrupar a reunir os elementos que se dispersaram.

"C'est quand tout ensemble se tient qu'il y a de la vie" (T. A.).

O que somos hoje no presente é resultado dinâmico do que vivemos no passado. Diz Maffesoli (2005, p. 84) que a modernidade ou "o pensamento moderno não leva em consideração o passado, enquanto a pós-modernidade procede, sobretudo, por acumulação, por aglomeração". A vida no presente existe em referência ao que está no exterior, não está dissociada.

O autor assume de Gilbert Duran o conceito de "bacia semântica", importando a imagem do rio que nasce a partir do gotejamento de uma fonte e da união de pequenos córregos. Assim são as atividades intelectuais, pequenos córregos que reunidos irão desaguar no oceano. Isso explica a dinâmica orgânica da vida e, pelo pensar pós-moderno, a necessária organicidade das coisas, sua reversibilidade e não mais o paradigma de causa e efeito, unívoco, do pensamento racionalista.

A ordem orgânica, então, encontra sua impulsão nela mesma e, ao mesmo tempo, e a sua maneira, exprime uma conjunção nova com os elementos do passado. Ela se ressignifica. Contra a compreensão unidimensional, o mestre faz apelo ao politeísmo de valores como ponto nodal de toda organicidade. Faz referência ao politeísmo grego que vai se reencontrar na Renascença.

O universo apresenta-se a nós, assim, como um organismo vivo que estabelece relação entre todas as coisas, correspondências que animam os seres vivos, plantas, animais, humanos, matéria. Uma unicidade viva em que o micro e macrocosmo se respondem.

Com efeito, conhecimento tem sua origem, etimologicamente, na ideia de nascer com ('*cum – nascere*'). Segundo Maffesoli (2005, p. 87),

> *O conhecimento colocado em prática pelos alquimistas e ocultistas da Renascença vai se reencontrar, sem uma filiação direta, no holismo que se reencontra, por sua vez, em Durkeim e que curiosamente renasce em práticas da Nova Idade pós-moderna.*

Assim, a lei organizadora do mundo da natureza exprime-se também nas relações sociais – e o fluxo das transformações e dos movimentos naturais faz interagir todos os elementos.

A organicidade é também plural. Isso se constata muito bem no domínio artístico, a partir do qual podemos usar a imagem de um mosaico, e também no domínio epistemológico, quando o mestre diz que podemos pensar em mosaico, sem, entretanto, negligenciar o tratado, resumindo finalmente: "O espírito orgânico sendo adequado à época em que vivemos é também uma boa maneira de apreender a razão interna de uma dada estrutura", conclui Maffesoli (2005, p. 91).

Apreender a razão interna das coisas torna possível pensar o que é contraditório sem reduções. O pensar em seus diversos elementos sem se reduzir a uma atividade puramente intelectualista. Integrar o sentido e a teoria é o que o autor do raciovitalismo chama de postura entusiasmante. É por isso que se pode falar em ligação espiritual, aquilo que é capaz de apreender o que é da ordem da sensibilidade e lhe conceder um *status* racional.

Outro princípio importante a considerar na Teoria Maffesoliana é o do formismo. A compreensão da forma em relação ao espírito das coisas. Na conotação alemã (*Gestalt*), é o que nos leva a compreender que a compreensão das partes é, antes de tudo, dada pelo todo. Com o formismo, pode-se apreender a especificidade e a heterogeneidade dos fenômenos sociais.

Maffesoli indica-nos que a vida cotidiana repousa sobre múltiplas experiências de forte carga erótica, compreendendo esse termo como aquilo que implica uma carga emocional, afetiva. A sensibilidade orgânica carrega esses elementos à esfera do psicológico – a paixão, as emoções – e demonstra sua eficácia na organização das relações sociais. Uma das marcas da pós-modernidade é, pois, a força do afeto, as relações tribais pontuam a vida social, política e cultural, banhadas em um ambiente erótico.

Por isso, o corte epistemológico, tão caro às Ciências na modernidade, não deixa espaço para essas questões, assim como a estigmatização do senso comum, tudo que vem da realidade mundana e que lhe é rechaçado. No sentido contrário, caminha o pensamento orgânico. E o raciovitalismo.

A intuição, para Maffesoli (2005), é um importante vetor do conhecimento. O autor não entende a intuição como qualidade psicológica, pelo menos, não completamente, mas como uma sabedoria que participa do inconsciente coletivo que se forma por uma espécie de sedimentação da experiência ancestral – um saber incorporado em cada grupo social e em cada indivíduo. Esse substrato arcaico, espécie de resíduo, é o que Jung chama de arquétipo, que perdura em todo o conjunto social. Arquétipos são estruturas inatas que servem de matriz para a expressão da *psique*.

Para Jung (1964), arquétipo é uma espécie de imagem *apriorística* incrustada profundamente no inconsciente coletivo da humanidade, projetando-se em diversos aspectos da vida humana, como sonhos e narrativas. O autor explica que são tipos arcaicos, ou melhor, primordiais, isto é, de imagens universais que existiram desde tempos remotos. Nise da Silveira (1981, p. 78) resume da seguinte forma:

> *A noção de arquétipo, postulando a existência de uma base psíquica comum a todos os humanos, permite compreender por que em lugares e épocas distantes aparecem temas idênticos nos contos de fadas, nos mitos, nos dogmas e ritos das religiões, nas artes, na filosofia, nas produções do inconsciente de um modo geral – seja nos sonhos de pessoas normais, seja em delírios de loucos.*

São, pois, imagens primordiais que se repetem em muitas gerações. Também são tendências simbólicas estruturantes do comportamento humano.

Essa intuição social corresponde a uma intuição intelectual defendida por Maffesoli (2005). Nesse sentido, o pesquisador deve ser, antes de tudo, respeitoso em relação à realidade investigada, antes de tudo um farejador social, para usar sua expressão, aquele que é capaz de sentir o que está para nascer, o que está para eclodir... É uma forma de antecipação, de sensibilidade intelectual (saber sensível) na qual a emoção é parte constituinte e a apreensão do real é globalizante.

Não é uma visão indireta, mas enraizada na coisa em si, pois o mundo social é um objeto vivo. Nesse sentido, Maffesoli (2005) propõe uma sociologia do cotidiano congruente com as emergências do momento, uma aposta epistemológica de envergadura que se impõe com evolução da socialidade que é a base da evolução contemporânea – que se pode chamar então de pós-modernidade.

Afirma Maffesoli (2010, p. 257):

> Com efeito, salvo em livros escolares, nada é unidimensional no seio da vida social. Em muitos aspectos, é ela monstruosa, fragmentada e sempre está em algum outro lugar que não aquele em que se acredita poder imobilizá-la. Em níveis profundos, é o pluralismo que a move. Convém aprender bem tal estado de coisas – e é justamente isso que pretende fazer uma sociologia da vida cotidiana.

Fechamos/abrimos, assim, a compreensão de Maffesoli (2005) sobre o raciovitalismo: uma razão vital, da qual somos todos portadores, fundante para a compreensão globalizante, erótica, sensível dos fenômenos sociais. Metodologicamente, o autor faz a opção pela fenomenologia compreensiva, capaz de apreender as especificidades de dado grupo social, em profundidade, e a compreensão da cotidianidade de um ponto de vista que ultrapassa o racionalismo fazendo emergir a carga emocional, afetiva e erótica dos fenômenos sociais. O senso estético, o saber sensível, a intuição, a razão aberta e pensamento orgânico são categorias e qualidades primordiais ao pesquisador social e abrem as portas para a compreensão da Didática Sensível. A outra ponta do novelo, a porta que se entreabre para o aprofundamento do sensível, está na epistemologia complexa.

## 3. Epistemologia da complexidade – o *religare* dos conhecimentos

A epistemologia da complexidade aporta fundamentos que são importantes à estruturação da Pedagogia Raciovitalista e da Didática Sensível. Para tal, necessitamos compreender os macroconceitos engendrados por uma e outra teoria a fim de considerarmos as bases da Pedagogia em tela.

Complexo provém do latim *complexus*, 'o que rodeia, o que inclui', particípio passado de *complecti*, 'rodear, abraçar'. *Plectere* significa 'tecer, entrelaçar'. Normalmente, é senso comum se atribuir a esse substantivo, em oposição ao que é simples e claro, a ideia de complicado ou, até mesmo, de impuro ou obscuro. Muito embora encontremos novos empregos para o termo na Ciência Matemática (números complexos, imaginários, algoritmos), na Física Quântica, nas Ciências Naturais – como a Química e a Biologia –, assim como nas Ciências Humanas – como a Psicologia e a Antropologia –, percebe-se, ainda, no senso comum, a atribuição do sentido de "complicado" à ideia de complexidade. Ao contrário de qualquer tentativa simplificadora do conceito, complexidade é uma epistemologia, um modo de pensar e de conhecer, um modo de interpretar e apreender, de modo entrelaçado, uma totalidade.

> Disponível em: https://origemdapalavra.com.br/. Acesso em: 23 abr. 2021

Assim nasce o paradigma da complexidade, em oposição ao da simplificação. Um pensar complexo pressupõe mudança de paradigma. O paradigma da simplificação (disjunção e redução) como aquele que busca colocar ordem no universo, ao estudá-lo, escondendo a própria desordem, e tendo a ordem reduzida a uma lei ou a um princípio. A ideia do paradigma complexo parte, em oposição, diante do mundo empírico, da incerteza, da incapacidade de formular uma lei ou de conceber uma ordem absoluta. Isso é diferente da ideia de completude.

> "[...] la complexité est différente de la complétude. On croit souvent que les tenants de la complexité prétendent avoir des visions complètes des choses. Pourquoi le penseraient-ils? Parce qu'il est vrai que nous pensons qu'on ne peut pas isoler les objets les uns des autres. À la limite, tout est solidaire. Si vous avez le sens de la complexité, vous avez le sens de la solidarité. De plus, vous avez le sens du caractère multidimensionnel de toute réalité" (T. A.).

Segundo Morin (1990, p. 92): "[...] a complexidade é diferente da completude. Normalmente se crê que os adeptos da complexidade pretendem obter visões completas das coisas. [...] No limite, tudo é solidário. Se se tem o senso da complexidade se tem o senso da solidariedade". Além do caráter multidimensional de toda realidade.

Não há, na epistemologia da complexidade, uma visão que separe os componentes de um todo, nos objetos de conhecimento, ou os hierarquize, o que há é relação de interdependência entre as partes constituintes. Não há uma verdade, mas probabilidades. Elementos que se reorganizam, de forma distinta, e com novas significações, graças à interatividade entre os elementos constituintes, fazendo surgir um novo conjunto, uma nova unidade não homogênea, contudo. Esse conjunto, na visão da complexidade, deve pressupor "uma pluralidade de constituintes heterogêneos, inscritos em uma história ela mesma aberta em relação às eventualidades de um devir" (ARDOINO, in: MORIN, 2002, p. 550).

O pensamento complexo irrompe no cenário filosófico, científico, como uma ruptura no paradigma analítico, hipotético-dedutivo de ciência, propondo uma revolução no modo de pensar e interpretar os fenômenos, mantendo unidas perspectivas tradicionalmente antagônicas – isso evoca, por exemplo, a unidade entre singularidade e universalidade. A complexidade, por assim dizer, supõe a heterogeneidade constitutiva dos objetos de conhecimento, a adoção de uma perspectiva plurívoca para sua interpretação. O pensar complexo permite, assim, uma visão de conjunto das coisas entrelaçadas, a partir da apreensão dos elementos contraditórios, aparentemente antagônicos, e mesmo hierárquicos, ao contrário da analítica cartesiana. Assim, trazendo à luz o caráter plural e heterogêneo dos fenômenos, recupera-se a ideia de conflito, alteração e a importância da historicidade nas interpretações. São as múltiplas dimensões de uma mesma problemática que se colocam, uso de linguagens diversas e sistemas de representação irredutíveis e necessários às significações produzidas.

Em oposição ao pensamento hipotético-dedutivo, a incerteza assume grande importância na epistemologia complexa, chegando a ser um tipo de capacidade ou sabedoria (abandonar certezas não é tarefa fácil!). A incerteza é a aceitação da heterogeneidade das coisas, dos fenômenos. É o que permite a visão da alteridade, reconhecimento e aceitação do outro, dos antagonismos. Tal paradigma convoca a ideia de multirreferencialidade.

A multirreferencialidade admite e traz luzes à compreensão das heterogeneidades. A multirreferencialidade aporta em si uma pluralidade de olhares a partir de um sistema de referências que muitas vezes podem ser contraditórios entre si, a partir de outras lógicas. Nessa perspectiva, o outro, a outra referência, constitui fonte de alteração importante para nosso campo de estudos.

Morin (2002) chama a atenção para a necessária revolução do ideal do pensamento científico moderno que seria o de revelar leis regulares e explicativas dos fenômenos, a sua ordenação lógica e o estabelecimento da verdade. O princípio da ordem, na ciência moderna, revela a ideia de determinismo das coisas, não só no âmbito da compreensão dos fenômenos naturais, mas, também, dos fenômenos sociais. O segundo seria a separação, própria do pensamento cartesiano. O princípio do pensamento analítico professa a importância da divisão para se conhecer objetivamente um dado conhecimento – separá-lo de outros conhecimentos, o que conduz às excessivas especializações. E o terceiro meio seria a redução, "segundo a qual o conhecimento das unidades elementares permite conhecer os conjuntos dos quais elas são componentes". Esse último princípio, refutável, para Morin, evoca a verdade da lógica dedutiva-indutiva "que atribuía um valor de verdade quase absoluta à indução" (MORIN, 2002, p. 560) e à dedução – ideias pelas quais a contradição seria eliminada do campo das análises. A contradição seria o sinônimo de erro de raciocínio. Esse é o princípio da causalidade linear.

A epistemologia complexa abala essas certezas e projeta uma ideia contrária aos princípios enunciados, evocando as equações reversíveis em diferentes campos do conhecimento e a degradação da ordem na desordem das coisas. O autor ressalta o fato de que é na desordem das coisas que aparecem os princípios da ordem, e essa imagem está, também, na própria origem do Universo.

O pensamento complexo se insurge, também, contra o princípio da separação, aludindo à ideia de que o todo é mais do que a soma das partes. Segundo Morin (2002, p. 562),

> *o que quer dizer que o todo tem certo número de qualidades e de propriedades que não aparecem nas partes quando elas se encontram separadas. Essas ideias trazem em si a noção de emergência de qualidades e propriedades próprias à organização de um todo.*

Isso denota outra realidade, o que faz a diferença é o reordenamento dos mesmos elementos de uma realidade. Por exemplo, a constituição da água compreendida na equação $H_2O$ é resultante da junção de dois átomos de hidrogênio e um átomo de oxigênio, trazendo à tona outro elemento, líquido, a água. Esse elemento resultante das partes de um todo é outra totalidade.

Todavia é necessário ressaltar que o princípio da separação é ainda válido (mas não suficiente), pois é necessário distinguir as partes de determinado conhecimento para compreendê-lo em profundidade, mas é necessário, também, reagrupar as emergências. Sobre o princípio da ordem, o autor considera justo compreendê-la na articulação: ordem/desordem/organização. No entanto, quanto ao princípio da redução, e, com ele, a ideia de verdade absoluta, é necessário refutar. "O princípio da lógica dedutivo-identitária deixou de ser absoluto, e é preciso saber transgredi-lo", assevera Morin (2002, p. 563).

Morin (1990; 1999; 2016) sempre foi um autor crítico à hiperespecialização das ciências quando deixam de se comunicar entre si, perdendo, assim, a visão global da realidade. Assim, religar os conhecimentos dispersos é fundamental para a compreensão dos fenômenos naturais e fenômenos humanos. É muito importante a adoção de uma abertura epistemológica necessária à construção de uma nova ciência a favor da transdisciplinaridade (MORIN, 1990, p. 70):

> *[...] A ciência se tornou cega na sua incapacidade de controlar, prever e até mesmo conceber um papel social, na sua incapacidade de integrar, articular, refletir seus próprios conhecimentos. Se, efetivamente, o espírito humano não pode apreender o conjunto enorme do saber disciplinar, então é necessário mudar, seja o espírito humano, seja o saber disciplinarizado.*

Em síntese, para se compreender a epistemologia da complexidade, faz-se necessário recorrer aos macroconceitos, entendendo-os como princípios. São eles:

a) O princípio dialógico, como aquele que permite a compreensão da dualidade muitas vezes contraditória inerente aos fenômenos. A capacidade de associar, pois, dois termos complementares e antagonistas (por exemplo, a ordem e a desordem podem suprimir um ao outro, mas ao mesmo tempo colaboram e produzem a visão complexa das coisas – são princípios complementares, mas também antagônicos).

"La science est devenue aveugle dans son incapacité à contrôler, prévoir, même concevoir son rôle social, dans son incapacité à intégrer, articuler, réfléchir ses propres connaissances. Si, effectivement, l'esprit humain ne peut appréhender l'ensemble énorme du savoir disciplinaire, alors il faut changer, soit l'esprit humain, soit le savoir disciplinarisé" (T. A.).

b) O segundo princípio seria o da recursividade organizacional (MORIN, 1990, p. 100): "Um processo recursivo é um processo onde os produtos e os efeitos são ao mesmo tempo causas e produtores do que os produz". Toma-se como exemplo o indivíduo e a espécie. Somos ao mesmo tempo produto e nos tornamos produtores do mesmo processo de reprodução. Socialmente, a mesma coisa, somos seres sociais e produzimos a sociedade que nos produz. Isso rompe com a ideia de causa-efeito tão cara ao pensamento racionalista.

c) O terceiro princípio é o hologramático: não somente a parte está no todo, mas o todo está nas partes. Tal princípio está presente, do mesmo modo, no mundo natural e no mundo social. No mundo biológico, por exemplo, cada célula contém a totalidade de informação genética do organismo. É necessário, pois, para se conceber o todo, conceber as partes e vice-versa. A ideia hologramática é a síntese desses princípios e ela mesma está ligada à ideia de recursividade que é, por sua vez, ligada à ideia de dialogicidade.

## 4. Intersecções entre o raciovitalismo e a epistemologia complexa para o emergir da Pedagogia Raciovitalista

> "A verdade é o resíduo final de todas as coisas, e no meu inconsciente está a verdade que é a mesma do mundo. A Lua, como diria Paul Éluard, éclatante de silence. Hoje não sei se vamos ter Lua visível, pois já se torna tarde e não a vejo no céu. Uma vez (...) eu olhei de noite para o céu, circunscrevendo-o com a cabeça deitada para trás, e fiquei tonta de tantas estrelas que se veem no campo, pois o céu do campo é limpo. Não há lógica, se se for pensar um pouco, na ilogicidade perfeitamente equilibrada da natureza. Da natureza humana também."
> (LISPECTOR, 1980, p. 125).

O que visa a Educação? A pergunta pode ser reformulada com base na indagação de Carlos Rodrigues Brandão (1981): "Educação? Educações".

Não há uma só educação, mas educações. Educação é uma prática social presente em amplas esferas da sociedade, infra e superestruturais, desenvolvida em distintas modalidades – formal (educação escolar), não formal (desenvolvida em movimentos sociais, organizações não governamentais, e outras associações), informal (familiar, social), a distância e *on-line*, e outras –, tendo como objeto a formação humana, compreendida em uma perspectiva multidimensional.

Brandão (1981, p. 10) assevera que a educação é "uma fração do modo de vida dos grupos sociais que a criam e recriam entre tantas outras invenções de sua cultura". Segundo o autor, são, assim,

> *formas de educação que produzem e praticam, para que elas reproduzam, entre todos que ensinam e aprendem, o saber, os códigos sociais de conduta, as regras do trabalho, os segredos da arte ou da religião, do artesanato ou da tecnologia que qualquer povo precisa para reinventar, todos os dias, a vida [...].*

A educação visa a humanização, a emancipação humana. Para além da ideia restrita de transmissão-assimilação de conhecimentos, o objetivo último da educação é propiciar aos sujeitos a compreensão da sua condição humana. Segundo Libâneo (2002, p. 30), "é uma prática social que atua na configuração da existência humana individual e grupal para realizar nos sujeitos humanos as características de ser humano". Indo além, a educação como prática social humanizadora traz no seu bojo, por definição, a ideia de emancipação: "Na sociedade de classes, a educação tem poder emancipatório, pois a humanização implica a superação das desigualdades sociais" (LIBÂNEO, 2002, p. 30).

Assim, é necessário pensarmos sobre a Pedagogia como ciência que estuda o fenômeno educativo, ou as educações nas suas distintas manifestações sociais – educação escolar, educação não institucionalizada ou informal e a educação semi-institucionalizada que ocorre, sobretudo, no terceiro setor, como em Organizações Não Governamentais (ONGs) e movimentos sociais. A Pedagogia é uma ciência interdisciplinar, por definição, e agrega a si as demais Ciências da Educação para estudo e interpretação do fenômeno educativo (Ciências da Educação entendidas aqui como a Sociologia, a Psicologia, a História da Educação, entre outras).

Neste livro, discorremos, pois, sobre diferentes teorias pedagógicas, e aludimos à Pedagogia Raciovitalista como uma Pedagogia em construção que se erige a partir de patamares teóricos, científicos e filosóficos que se fazem necessários a sua compreensão.

Nesse sentido, e para dar conta das intersecções enunciadas no título, tomamos de empréstimo alguns dos conceitos-chave da Teoria Raciovitalista e da epistemologia da complexidade, necessários à compreensão da Pedagogia Raciovitalista.

## 5. Estesia e estética

No processo de humanização da Educação, há de se levar em conta as dimensões incontornáveis da condição humana – inteligibilidade, corporeidade e sensibilidade – devendo tais dimensões estarem presentes desde a origem de todo projeto pedagógico. A dimensão estética e artística tem peso fundamental nessa discussão e são objetos de reflexão pelos dois autores, Edgar Morin (2002) e Michel Maffesoli (2005).

A Educação do Sensível presume o desenvolvimento de capacidades estésicas: "a educação do olhar, do ouvir, do degustar, do cheirar e do tatear, em níveis mais básicos, tem à sua disposição todas as maravilhas do mundo ao redor" (DUARTE JUNIOR, 2004, p. 139). Caminhando do estésico ao estético, os objetos artísticos constituem um caminho de mão dupla, onde as duas dimensões podem ser trabalhadas.

Todavia, a dimensão estésica, ou sensível, foi historicamente desvalorizada e mesmo emudecida nos processos de escolarização, sendo subsumida por uma crescente onda de abstração conceitual (o pensar essencialmente intelectual e separado das emoções). É preciso, pois, que se resgate essa dimensão nos processos de formação e desenvolvimento humano, buscando o necessário equilíbrio entre razão e sensibilidade, com vistas à formação de pessoas mais equilibradas e saudáveis.

Maffesoli (2016) faz uma crítica contundente à educação moderna, assinalando que esta é essencialmente racional, abstrata, sendo necessário integrar a abordagem sensível a suas práticas. Em prefácio à obra de Jean-Daniel Rohart (2013, p. 20), o autor afirma que "a moral dominante existe para legitimar ou racionalizar tal processo (de dominação). Lógica de dominação ou da maestria, do controle, eis a questão mais ou menos consciente marcada pela tradição ocidental" Isso significa dizer que a lógica da dominação subjaz às Pedagogias conservadoras. Maffesoli (2013, p. 20), então, faz a diferença entre Educação e iniciação. À primeira coube o poder, assimétrico, de preencher o vazio da ignorância:

> *É necessário notar a diferença de estrutura, de lógica, entre o poder e a autoridade. A primeira é essencialmente pedagógica. Entende-se "educar" como conduzir para o bem. Estando mais próximo de sua etimologia, a educação vai da animalidade à humanidade, da barbárie à civilidade. É a própria emanação da lei do pai e sua verticalidade. Fundada sobre a hipótese da razão, o poder é pedagógico de parte a parte. Pode-se dizer, aliás, que todas as instituições modernas, como toda a sensibilidade judaico-cristã, são de essência pedagógica. O vazio é postulado, é necessário preenchê-lo. O pecado é original, faz-se necessário perdoar. A imperfeição é fundamental, é necessário corrigi-la. É assim que o natural, o bárbaro, a criança, a mulher devem ser "pedagogizados" por aqueles que sabem, que possuem um bom uso da razão: Homem, adulto, chefe, intelectual, político:* ad infinitum. *Saber-poder, eis o substrato da socialização moderna.*

> "La morale surplombante n'est là que pour légitimer ou rationaliser un tel processus (de domination). Logique de domination ou de la maîtrise, voilà bien l'enjeu plus ou moins conscient que s'est fixé la tradition occidentale" (T. A.).

> "Il est nécessaire de noter la différence de structure, de logique, entre le *pouvoir* et *l'autorité*. Le premier est essentiellement pédagogique. Il entend 'éduquer', conduire vers le bien. Au plus près de son étymologie, il 'tire' de l'animalité vers l'humanité, de la barbarie vers la civilité. Il est l'émanation de la loi du père et de sa verticalité. Fondé sur l'hypothèse de la raison, le pouvoir est pédagogique de part en part. On peut, d'ailleurs, dire que toutes les institutions modernes, voire toute la sensibilité judéo-chrétienne, sont d'essence pédagogique. Le vide est postulé, il faut le combler. Le péché est originel, il faut l'amender. L'imperfection est fondamentale, il faut la corriger. C'est ainsi que le naturel, le barbare, l'enfant, la femme doivent être 'pédagogisés' par ceux qui savent, qui ont un bon usage de la raison : Homme, l'adulte, le chef, l'intellectuel, le politique : *ad infinitum*. Savoir-pouvoir, voilà le substrat même de la socialisation moderne" (T. A.).

Além da crítica à Pedagogia, em sua origem, e em contraposição à ideia do pedagógico com o poder da conformação, o autor traz à luz a iniciação como prática cultural imemorial, cabendo à autoridade, no sentido da liderança, se fazer acompanhar. Com efeito, autoridade é um conceito que difere de autoritarismo. O autoritarismo é o desvio da autoridade, sua hipertrofia. A autoridade se faz acompanhar, acompanhando. A estrutura iniciática faz coincidir razão e sentido e admite a diversidade cultural. A iniciação não pretende preencher um continente vazio, como no caso da educação racionalista instrumental. A iniciação reconhece, pois, que há alguma coisa no indivíduo e que é papel da autoridade deixá-la sair, acompanhando-o. Inaugura-se assim outra ética que substitui a certeza dogmática pela dúvida – fonte de toda tolerância. A luta do relativismo contra o universalismo que serviu de "justificativa racional à lógica econômica ocidental e as consequências devastadoras que conhecemos" (ROHART; MAFFESOLI, 2013, p. 22). Contra tal dominação, "vê-se o emergir de outras maneiras de ser juntos, próprias das práticas juvenis. Uma 'ética do religar'" (ROHART; MAFFESOLI, 2013, p. 20).

As práticas sociais juvenis apresentam outra perspectiva e a "ética do religar", do reunir passa a ser compreendida como mecanismo comportamental contemporâneo e inelutável, pois está posta na contemporaneidade. Nessa abordagem estão presentes as características que conduzem "a força do imaginário ao lugar central concedido ao onírico ou ao lúdico. Ora, todos esses aspectos integram, de fato, a finitude das coisas indo ao encontro desse desejo de prazer, de um mundo que se abre à vida aqui e agora" (ROHART; MAFFESOLI, 2013, p. 23).

Não obstante, as dimensões supramencionadas, do onírico, do lúdico, do

> "Figure dont les caractéristiques essentielles renvoient à la prévalence de l'instinct, à la force de l'imaginaire, à la place central accordé à l'aspect onirique ou ludique. Or, tous ces aspects intègrent, *de facto*, la finitude des choses allant de pair avec cette fringale d'une jouissance, d'un monde se donnant à vivre ici et maintenant. Et un bon nombre de pratiques contemporaines font bien ressortir ce 'jeunisme' ambiantal et le 'rapatriement' de la jouissance qu'il ne manque pas d'avoir" (T. A.).

prazer e da imaginação, que nos saltam à frente ao observarmos o movimento dos jovens por toda parte, são silenciadas nos espaços escolares. Isso incide sobre a regressão, que assistimos entre compassivos e atônitos, da sensibilidade humana, significando um empobrecimento que leva à perda de valores éticos e o incremento à violência. Exemplo concreto disso tudo é a perda da sensibilidade auditiva, como o que a indústria cultural musical midiática apresenta como padrão de consumo. Em outras palavras, a sociedade de consumo leva à anestesia, ao consumismo desenfreado de artefatos culturais em amplo espectro.

A perda da qualidade estética é sentida por educadores e comunidade pedagógica no cotidiano escolar. Que se observe o discurso padronizado e padronizador presente nos livros didáticos e o quanto pode ser empobrecedor, e que se lancem olhares para a ambiência escolar, em suas concepções arquitetônicas fechadas, com luz artificial e falta de colorido. O acento sobre o conteúdo abstrato desligado da vida e também a ausência de um trabalho pedagógico que assuma as dimensões estéticas e estésicas da educação levam a consequências desastrosas para o desenvolvimento humano. Condições essas que produzem efeitos também sobre a formação de professores e suas práticas, como agentes multiplicadores.

Do ponto de vista da estética, pode-se dizer que, ao integrar experiências sensoriais e sensíveis, a arte constitui dimensão integradora na Educação. Toda obra artística, todo objeto artístico, seja um filme, seja uma tela, seja uma música, irá integrar tais dimensões. Plena de significações, a obra de arte permite a educação do sensível mediante o contato sensorial (as sensações) e as abstrações possíveis. Mais uma vez, em sintonia, estão a sensibilidade e a inteligibilidade.

A Ciência e os enunciados científicos e, também, a Educação em seus processos pedagógicos podem e devem despertar sentimentos e inteligibilidades. O sentimento estético, tão caro aos artistas e tão controvertido conceito, é aplicável a tais realidades (científico-acadêmicas). Todo cientista é movido por sensibilidade estética, e todo artista não pode abrir mão de seu pensar intelectivo, necessário à concretização da própria arte. Como afirmou Duarte Junior (2004, p. 157):

> *Tomar o sensível (e a percepção do belo a ele associada) como fundamento de um processo educacional, portanto, não tem a ver apenas com os níveis elementares da educação, com a formação da criança e do jovem exclusivamente, mas pode se estender ao longo de toda a vida adulta, com significativo incremento na qualidade de vida dos indivíduos e da sociedade como um todo.*

Morin (2016) afirma que a estética é um dado fundamental da sensibilidade humana antes de ser o caráter próprio da arte. "A emoção estética, de onde nasce a impressão de beleza, é sem dúvida universal". O que não é universal e depende do nascedouro em culturas singulares é a ideia de beleza. Efetivamente, quando proponho o trabalho pedagógico-didático com metáforas criativas (lúdicas ou artísticas) na formação de professores e na educação universitária, pretendo resgatar o elo do sensível e do estético no pensar inteligível. O uso das metáforas criativas, como filmes, jogos, música ou outra obra de arte, é mobilizador de aprendizagens significativas, posto que provoca nos partícipes do processo educativo um *élan*, uma abertura para o processo do conhecimento e sensação de encantamento ou de deslocamento para uma outra esfera que não apenas a racional.

Rohart e Maffesoli (2013) consideram que estamos diante de duas concepções educativas opostas de maneira radical. De um lado aquela que encarna a modernidade e que, ao mesmo tempo, atravessa uma crise sem precedentes, o que nos remete a seu questionamento. A segunda concepção, emergente, pós-moderna propugna "uma nova maneira de ser juntos e que na escola poderia ser trabalhada em prol do nascimento de um novo modo de socialização" (ROHART; MAFFESOLI, 2013, p. 179). Essa concepção de educação traz à luz os mitos de Afrodite e a Pandora. Figuras femininas e feministas que quebram a barreira da homogeneidade masculina. Dão espaço ao prazer, ao onírico, ao lúdico.

Nesse sentido, as experiências sensíveis precisam ser estimuladas em qualquer grau de ensino. Uma educação estésica e estética, no sentido de recuperar o elo perdido e passar a ensinar e aprender com mais beleza, leveza e prazer. O desenvolvimento dos sentidos vai acurar a percepção sensível do mundo, dos acontecimentos, fatos, fenômenos sociais, apreendidos em toda sua dinâmica. Antes mesmo de formarmos pessoas capazes de resolver problemas, estaremos a formar pessoas capazes de provocar as perguntas, de indagar e, assim, de transformar. A sensibilidade deflagra, assim, processos mentais indispensáveis ao fazer científico.

A anestesia, ou a incapacidade de sentir, rebate frontalmente nos processos de identificação, constituição de identidades profissionais e profissionalidade docentes. Os docentes desenvolvem, de forma substancial, sua identidade com a profissão, quando o ambiente de seu trabalho é favorecedor, acolhedor, formativo. De igual modo, sua profissionalidade, ou seja, a mobilização consciente de saberes pedagógicos e didáticos, institui-se e constrói-se quanto mais consciente os professores sejam de seu papel como mediadores de conhecimentos, atitudes e saberes. Um fenômeno está ligado ao outro. Os professores necessitam gostar de sua profissão, sentir-se integrado a ela e aos pares, dirigentes, estudantes, e à ambiência organizacional, elementos irredutíveis nessa compreensão, em uma ecologia harmônica.

Duarte Junior (2004) explica que o tema Ecologia deve ser compreendido a partir de três eixos fundamentais: Ecologia Pessoal (como o indivíduo se relaciona com ele mesmo), Ecologia Social (como o indivíduo de relaciona com os outros socialmente) e Ecologia Natural (as relações dos seres humanos com a natureza). É importante ressaltar que nossa vida faz parte de um todo sistêmico e que somente uma educação voltada à sensibilidade humana poderá dar conta de tal compreensão.

Abstrações teóricas são fundamentais à compreensão humana dos fenômenos sociais e naturais, mas, devemos lembrar, principiam-se com a corporeidade humana, nos sentidos que lhe dão visibilidade e vitalidade. As categorias da estesia e estética são a um só tempo uma síntese da compreensão que evidencia o significado da abstração que parte do concreto sentido e experienciado. Vale, então, o que reza o antigo provérbio chinês: "Diz-me e eu *esquecerei*, ensina-me e eu *lembrar-me-ei*, envolve-me e eu *aprenderei*".

## 6. A vida pulsante: o saber sensível

O saber sensível é um tipo de conhecimento profundo e orgânico, anterior ao conhecimento inteligível. É um saber presente em um nível sutil do ser, do que não é explicável, mas apreendido pela intuição por meio do corpo e pelo corpo. São antecipações empíricas que abrem caminhos para a apreensão inteligível dos objetos de conhecimento. Cabe à mediação dos professores (mediação didática) estreitar esses laços.

Segundo Miguel Almir Lima de Araújo (2008, p. 49), o saber sensível é aquele que emerge do nosso enraizamento dinâmico no mundo, das nossas relações mais íntimas com o cotidiano da vida:

> *Emerge das nossas relações intensivas tecidas nas ondulações do cotidiano, nos influxos de suas indeterminações. Se projeta, portanto, da qualidade do sentir originário na capilaridade de cada momento, do fluxo cambiante de cada acontecimento, em suas possibilidades múltiplas, no acontecer, na firmeza do tecer com os outros.*

Para o autor, e nós concordamos, o saber sensível traduz uma percepção muito aproximada das coisas em si, do seu estar no mundo (ARAÚJO, 2008). Significa dizer que este é um saber que apreende os acontecimentos da vida de lampejo, em uma primeira instância, em uma visão global, integrada.

Maffesoli (2005) coloca-nos diante de uma "dinâmica orgânica" presente na lógica do ser humano. Essa dinâmica presume a apreensão primeira, globalizante, gestáltica – em suas numerosas interfaces – da realidade mediante a intuição que é uma lógica interna ao indivíduo. Sensibilidade intuitiva. Uma grande parte da rotina cotidiana está fundamentada no saber sensível (intuitivo e corporal): viver, comer, andar, trabalhar. O corpo conhece o mundo antes dos conceitos abstratos advindos dos processos mentais.

Buscando uma distinção didática, entende-se o inteligível como o conhecimento abstratamente articulado pelo cérebro que mobiliza signos lógicos e racionais. A sensibilidade, por seu turno, refere-se à sabedoria do corpo e se manifesta em diversas situações da vida corrente (o movimento da mão ao som de um instrumento percussivo, o drible do jogador de futebol, as informações transmitidas pelos odores, pelas cores, pelas imagens, entre outros).

Para explicarmos um pouco sobre o saber sensível tomemos, como exemplo, a experiência de um músico quando compõe. Se perguntarmos a um músico como este compõe uma melodia, no seu ato de criação, ele possivelmente não saberá explicar, pois a lógica que ele usa não é a lógica matemática, é outra lógica, própria. Mas ele poderá explicar racionalmente depois que transpuser a melodia inicialmente criada para a linguagem musical em partituras, mediante as notas musicais e suas escalas em tons, semitons e seus intervalos. Da mesma forma, se perguntarmos a uma cozinheira como concebe uma iguaria, provavelmente, o primeiro saber ao qual irá se referir será aquele proveniente da sua sensibilidade, de sua ancestralidade; um saber ancorado no aroma, no sabor, em formas experimentadas na cultura de origem. Um saber guardado profundamente na memória afetiva. Isso é factível também ao cientista que pode vir a vislumbrar antes, de modo imagético, intuitivo, o conhecimento que produz. Einstein é um exemplo emblemático disso. O pensamento científico é criativo e muitos cientistas compreendem o mundo intuitivamente em um primeiro plano; nem todos criam ou constroem teorias por silogismos (GARDNER, 1994). Não há dicotomia entre o aspecto sensível e o inteligível, entre o sentir e o pensar, os estudos da psicologia cognitiva e também das neurociências já dão conta desse imbricamento inelutável. Estes são fenômenos humanos absolutamente articulados no que caracteriza o ato de conhecer, em amplo espectro.

Como afirma Duarte Junior (2010, p. 25):

> Aisthesis: *em grego, a capacidade humana de sentir o mundo, de senti-lo organizadamente, conferindo à realidade uma ordem primordial, um sentido – há muito sentido naquilo que é sentido por nós.* Em português, aisthesis

*tornou-se estesia, com o mesmo significado dado pelos gregos (sendo anestesia a sua negação, a incapacidade de sentir). E desse termo originou-se também a palavra estética que, referindo-se hoje mais especificamente às questões artísticas, não deixa ainda de guardar o sentido geral de uma apreensão humana da harmonia e da beleza das coisas do mundo que os nossos órgãos dos sentidos permitem.*

Se quisermos, pois, ir além de uma formação fundamentada apenas em conceitos abstratos, precisaremos estar sensíveis à comunicação via outras linguagens que não apenas a verbal. A linguagem sensível – estésica, estética e lúdica – pode se fazer presente na sala de aula como elo necessário à relação professores e alunos, ensino e aprendizagem.

## 7. Razão interna e pensar orgânico

Duas categorias importantes que podem ser compreendidas em seu conjunto se expressam na razão interna e no pensar orgânico.

A razão interna é uma racionalidade aberta que compreende o mundo nas suas múltiplas conexões, a um só tempo pela intuição (do pensar orgânico e gestáltico) e razão intelectual. É um pensar que se opõe à lógica formal e convoca uma compreensão abrangente e polilógica das coisas, natureza e vida. Apreender a razão interna fenomenal torna possível pensar o que é contraditório sem que se recorra a reduções, ou apenas ao pensamento analítico. É um pensar abrangente que não se reduz a apreensão intelectual, mas integra o sentido e a teoria trazendo à tona uma postura entusiasmante.

## 8. Dialogia

De Edgar Morin, tomamos de empréstimo alguns dos conceitos-chave necessários à compreensão sensível da Pedagogia Raciovitalista. Um deles é o princípio dialógico, tão caro ao educador brasileiro Paulo

Freire (1996), também. Sem a Dialogia, a visão plural das coisas, o respeito às diferenças e a visão de inclusividade, não se poderia falar de Pedagogia Raciovitalista. Com a dialogicidade, compreende-se o pensar complexo que traz à baila a recursividade (não há uma única causa que produza efeitos previamente esperados; somos produtos e produtores dos fenômenos sociais e também naturais). E a ideia hologramática que explicita o princípio de que o todo é maior que a soma das partes.

Na Dialogia, compreende-se fundamental a abertura às subjetividades no processo Pedagógico-Didático, muitas vezes deixadas de lado em nome da objetividade científica. Há uma subjetividade reinante nos processos de ensino e na docência como um todo, pelo que não poderíamos esquecer aspectos que se situam no âmbito do invisível, do interior de cada sujeito. A docência, pois, é uma profissão complexa, de caráter objetivo e subjetivo. Seu caráter subjetivo faz emergir as marcas do ser pessoal que integram os sujeitos envolvidos no processo ensino e aprendizagem – educadores e educandos. A docência é uma profissão intersubjetiva porque é inter-relacional – não há docência sem discência, como afirmou Freire (1996).

## 9. Princípio hologramático e a perspectiva de globalidade: do local para o global, do global para o local

O princípio hologramático é aqui evocado porquanto traz como essência a compreensão de que o todo é mais que a soma das partes. Assim, enaltecemos uma visão globalizada dos fenômenos sem as dicotomias clássicas do pensamento positivista, dualista, que deixa fora outras compreensões.

O conhecimento que a escola produz não favorece visibilidade ao conhecimento comum. O que conta é o conhecimento a ser reproduzido, muitas vezes, súmulas de conhecimento, encapsulados e distribuídos aos estudantes. São parciais, e quanto mais o grau se eleva, mais especializados, parcelados e encapsulados eles se tornam. O efeito da superespecialização leva à fragmentação na compreensão e atuação sobre o mundo também. Seus domínios se estenderam de tal maneira que pouco servem à vida diária e estão frequentemente apartados dela.

Temos de ultrapassar essas contradições e assumi-las a partir da ideia de complementaridade. Morin (1999, p. 456) conclui que, se pretendermos um conhecimento ultraespecializado e segmentário, fechado sobre um objeto com o fim de manipulá-lo, "podemos eliminar toda preocupação de religar, contextualizar, globalizar. Mas, se queremos um conhecimento pertinente, temos necessidade de religar, contextualizar, globalizar nossas informações e nossos saberes".

> "Voilà les défis de la complexité, et, bien entendu, nous le retrouverons partout. Si nous voulons une connaissance segmentaire, refermée sur un objet, à seul fin de le manipuler, nous pouvons éliminer toute préoccupation de relier, contextualiser, globaliser. Mais si nous voulons une connaissance pertinente, nous avons besoin de relier, contextualiser, globaliser nos informations et nos savoirs, donc de chercher une connaissance complexe. Il est évident que le mode de pensée classique rendait impossible, avec ses compartimentations, la contextualisations des connaissances" (T. A.).

Sendo assim, advogamos a favor de um ensino que propicia a interdisciplinaridade e, indo além, a transdisciplinaridade, que rompe com a ideia de disciplinarização científica e pedagógica. O diálogo faz-se fundamental. E é importante recuperar a ideia de visão integrada das coisas, porque o real é complexo, os fenômenos sociais e naturais se explicam intrincados e globalmente.

Do ponto de vista Pedagógico e Didático, é fundamental reconhecer os saberes dos alunos, os saberes locais, suas compreensões para fazer alavancar outras possibilidades de interpretação dos conhecimentos numa perspectiva, pois, globalizante de compreensão, gestáltica – do local para o global, do global para o local. Fazendo valer o princípio, aqui convocado, também, da recursividade: somos produtos e produtores do que ocorre e dos modos como compreendemos os objetos de conhecimento.

## 10. Síntese provisória

Para que os cientistas e os professores se tornem profissionais criativos, é necessário deixar aberta a porta do sensível, pois os cientistas têm muito a ver com os artistas. Estão conjugadas a lógica e a sensibilidade, e à educação do inteligível deve equivaler, em similar proporção, a educação do sensível.

Damo-nos conta, pois, das metáforas como mecanismo poético para abordagens sensíveis nos processos de ensino e aprendizagem. As metáforas criativas, metáforas lúdicas e artísticas, a embelezar as aulas e elevar os espíritos. As concepções metafóricas do mundo que se expressam poeticamente. Um ingrediente fundamental à Didática Sensível.

Uma educação do sensível é aquela que pode fornecer, com dialogicidade, aos educandos, condições potenciais para as lidas com o cotidiano sem perda de visão de globalidade. Uma vivência plena, em que as pequenas grandes coisas da vida estejam presentes e conscientes no nosso fazer diário, incluindo o fazer profissional.

Nesse sentido, a visão de sujeito estende-se para além da intelectualidade, passando a inserir a captação sensível do mundo a sua volta, buscando a união indissociável entre o saber global – a razão abstrata sobre as coisas – e o saber local pleno de significações concretas. Deixar emergir a razão aberta, a razão vital, permitindo a abertura de canais sensoriais, como a intuição, para apreensão e compreensão dos objetos de conhecimento.

Não se pode pensar em ensinar, nessa abordagem, um conhecimento separado do mundo social, cultural e político, assim como separado de sua dinâmica, de suas pulsões. O conhecimento parcelado, enrijecido e disciplinar, disposto nos currículos escolares, não conduz à formação do ser humano pleno. Esse tipo de ensino excessivamente academicista leva à anestesia. É um ensino onde são "transmitidas" súmulas de conhecimentos provindos de uma razão abstrata sobre o mundo que, no máximo, permitirão uma visão desconectada das particularidades locais e das subjetividades dos sujeitos do processo educativo.

Segundo Duarte Junior (2004, p. 175),

> Sem dúvida nenhuma, sentir-me eu mesmo revela-se anterior e determinante de qualquer "pensar em mim" subsequente. O que aponta novamente para essa missão básica da educação nos dias presentes: estimular o sentimento de si mesmo, incentivar esse sentir-se humano de modo integral, numa ocorrência paralela aos processos intelectuais e reflexivos acerca da própria condição humana.

A desqualificação da chamada "sabedoria popular", ou do conhecimento comum, levou o ser humano a grandes atrasos na descoberta de soluções imputadas apenas ao conhecimento científico. Perde-se muito com isso. Perdemos, no Brasil, os ensinamentos da cultura indígena provindos da sabedoria sobre a natureza. O processo civilizatório exterminou quase completamente os saberes ancestrais produzidos. Assim como o saber dos povos africanos escravizados que aportaram no Brasil são cotidianamente renegados nas escolas. Saberes ancestrais que se expressam na espiritualidade, na culinária, no nosso modo de falar, de sentir e de agir. Tudo isso precisa ser convocado, precisa ser respeitado, e trazido à luz na sala de aula por distintos componentes curriculares, ou a partir da integração entre eles, no *religare* aludido por Edgar Morin (2002).

Assim, afirma Moraes (2008, p. 91):

> Precisamos de um olhar mais profundo e abrangente que leve em consideração os saberes e práticas antigas que a ciência moderna nunca reconheceu e sempre ignorou, pensando que poderia ser capaz de negligenciá-los por toda vida. Necessitamos de um olhar mais profundo sobre a realidade para que possamos retomar o diálogo esquecido com a natureza que já não pode continuar sendo aprisionada pelo golpe certeiro da ciência. Precisamos de uma ciência que nos leve a compreender que o futuro está embutido no presente, que o tempo é construção e que a mudança é intrínseca à natureza da matéria e à própria dinâmica da vida, constituída de bifurcações, de flutuações, de ordem/desordem.

"Maior sensibilidade; vale dizer: menor anestesia perante a profusão de maravilhas que este mundo nos permite usufruir e saborear", afirmou quase em uníssono Duarte Junior (2004, p. 180). Propugnamos, assim, uma educação que estimule a construção de uma vida mais plena e integrada saudavelmente entre os seres humanos e demais seres vivos de nosso planeta.

# III

# Didática Sensível

*"Não é a negação da razão, não é o irracionalismo.
É por isso que em meu livro* Elogio da razão sensível *mostrei
que era uma complementação da razão. Algo que fazia compreender,
de certa forma, como ao mesmo tempo a racionalidade
só era pertinente, legítima quando se acomodava na essência
do sensível, da sensualidade.
E é a isso que chamo de raciovitalismo."*
(Michel Maffesoli)

## 1. Breve introdução

O termo sensível, que qualifica a Didática que defendemos, sintetiza os princípios da Pedagogia Raciovitalista que trouxemos à baila. Fundamentada, pois, na Teoria Raciovitalista em Maffesoli (2000, 2005, 2010, 2015, 2016) e na Teoria da Complexidade, de acordo com Morin (1990, 2002, 2008, 2016). Como adotamos a perspectiva complexa e multirreferencial, outras fontes nos são caras na explicação e justificação da Didática Sensível, as quais abordaremos mais adiante.

A Didática é parte do conhecimento pedagógico, constitui um ramo da ciência pedagógica. Enquanto a Pedagogia estuda o fenômeno educativo, a Didática estuda o fenômeno do ensino em imbricamento dialético e, mesmo, complexo com a aprendizagem. Nesse sentido, para além dos fundamentos ontológicos e epistemológicos trazidos à baila nos capítulos anteriores, a Didática Sensível se explica pelo que exala dos seus estruturantes: sensibilidade, flexibilidade, organicidade, dialogicidade e dialética entre saber local e global.

A Didática em tela traz o qualificativo, sensível, porque este constitui uma compreensão estésica e estética do objeto do ensino – a aprendizagem. Sendo assim, na Didática Sensível, vale o pensar e o sentir, e não a reificação do pensar lógico racional. Transmuta-se esse pensar para uma compreensão globalizante dos fenômenos, uma compreensão que parte de saberes locais e globais de modo intermitente e imbricado, produzindo emergências. Assim se explica também o princípio hologramático. A Didática Sensível, outrossim, parte de um pensar orgânico (integrado no tempo/espaço), aberto e dialógico (em permanente elaboração).

Além de todos os princípios enunciados na Pedagogia Raciovitalista, aludimos na Didática Sensível a ludicidade como princípio formativo, para além da referência sensível.

Destarte, e como a Didática é uma disciplina científica que se ocupa de ensino e aprendizagem, as teorias de aprendizagem, que estudam a inteligência humana, sua gênese e desenvolvimento, nos são caras. Trazemos, pois, à baila, neste capítulo, os fundamentos psicopedagógicos da Didática Sensível para adentrarmos na sua concretização metodológica.

## 2. Ludicidade como princípio formativo

A Didática Sensível é também lúdica. E este referente, lúdico, que poderia ser ajuntado aos princípios emergentes no raciovitalismo pedagógico, merece posição de destaque.

A ludicidade, palavra não dicionarizada no idioma português, é um fenômeno ontológico, parte inerente e orgânica de todo ser humano. Geralmente confundida com o conceito de jogo, este, sim, estudado por historiadores, antropólogos, filósofos, psicólogos e pedagogos de distintas partes do mundo, a ludicidade é ainda um fenômeno pouco reconhecido no meio científico e acadêmico.

Vários autores de distintas nacionalidades estudaram a questão do jogo, podendo-se citar os maiores expoentes nas pesquisas científicas, como Johan Huizinga (2004), Roger Caillois (2017), Gilles Brougère (1998; 2002), Bruno Bettelheim (1989), Jean Piaget (1970b), Lev Vygotsky (1984), Donald Winnicott (1975), entre outros eminentes cientistas. Mas são poucos os que têm se incumbido dos estudos sobre a ludicidade.

O que diferencia, então, a ludicidade do jogo? O que diferencia a ludicidade do jogo e de outras manifestações lúdicas, como o brincar, o recrear, o lazer, a festa, entre outros, é que o jogo não é lúdico em si mesmo. O jogo, assim como a brincadeira, a recreação e o lazer, é uma atividade *potencialmente* lúdica.

Luckesi (2004) defende a ideia de ludicidade como um fenômeno interno ao sujeito, um fenômeno de natureza subjetiva. Assim, a ludicidade é residente no sujeito que vivencia a experiência como plena, é um estado interno, de contentamento, de *ânima*, de bem-estar, que inunda o ser por inteiro quando absolutamente integrado à experiência vivida.

Segundo Luckesi (2004, p. 11),

> *O que a ludicidade traz de novo é o fato de que o ser humano, quando age ludicamente, vivencia uma experiência plena. Com isso, queremos dizer que, na vivência de uma atividade lúdica, cada um de nós está pleno, inteiro nesse momento, ao tempo em que aprende o significado desse estado de ânimo; então, cada um de nós se utiliza da atenção plena, como definem as tradições sagradas orientais. Enquanto estamos participando verdadeiramente de uma atividade lúdica, não há lugar, na nossa experiência, para qualquer outra coisa além dessa própria atividade. Não há divisão. Estamos inteiros, plenos, flexíveis, alegres, saudáveis. Poderá ocorrer, evidentemente, que podemos estar no meio de uma atividade lúdica e, ao mesmo tempo, estarmos divididos com outra preocupação, fator que revela que não estamos participando dessa atividade de modo psicologicamente inteiro. Estaremos com o corpo presente, mas com a mente em outro lugar e, então, nossa atividade não será plena e, por isso mesmo, não poderá ser lúdica.*

Isso posto, uma atividade em si não pode se instituir como lúdica conquanto é o sujeito que a sente como tal. Assim, uma ação lúdica exige entrega, estar por inteiro – corpo, mente e espírito – naquilo que se realiza, sem divisões ou dicotomias. Uma experiência que remete a um estado de consciência ampliado e livre de controles externos ou, mesmo, internos. É um estado que provém, na maior parte das vezes, de ações criativas e contemplativas, nas quais a imaginação passa a fluir. Destarte, as atividades não são lúdicas em si, mas potencialmente lúdicas.

Experiências que integram as capacidades de "sentir, pensar, agir" são propiciadoras da plenitude evocada na Teoria Luckesiana. São experiências que permitem um mergulho profundo no inconsciente e expansão das compreensões. Assim, a vivência lúdica poderá integrar níveis de consciência sutis e constituir, no ambiente escolar, situações que permitam, para além das aprendizagens de conteúdos elaborados, a formação integral e o autodesenvolvimento. A vivência da ludicidade, pois, considera a flexibilização no comando racional da vida, levando à expansão da consciência (D'ÁVILA; LEAL, 2013, p. 51).

Csikszentmihalyi (2004) compreende a sensação de inteireza como estado de fluxo, uma experiência ótima, ou *flow*. Uma atividade com fim em si mesma, portanto, autotélica. Como tal, presente nas ações cotidianas mais simples, nas quais estejam integradas as capacidades de "sentir, pensar e agir".

A qualidade de vida depende do que cada um faz de sua existência, dentro do período de vida que temos disponível. Csikszentmihalyi (2004) assevera, pois, que aquele que faz constantemente coisas deprimentes é pouco suscetível de conhecer a alegria de viver, portanto, a felicidade. Inclusive, os efeitos físicos de tudo quanto fazemos não são lineares e têm relação com demais afazeres da vida: profissão/vida familiar/cotidiano; relações sociais/familiares, e assim por diante. Uma experiência *otimal*, portanto, não se reduz às atividades de lazer, exercitação física, turismo ou recreação. A vida ordinária deve ser manancial desse estado de espírito, estado este que "da ordem da consciência de viver uma experiência positiva intensa" (Csikszentmihalyi, 2004, p. 111).

Brevemente, a experiência autotélica é aquela em que a pessoa está centrada na atividade em si. Claro, não se pode viver permanentemente em estado autotélico, lúdico. A prática meramente hedonista pode ser alienante. Não se apregoa, com tal teoria, que a Pedagogia seja uma prática hedonista, dionisíaca, do início ao fim. A maior parte de nossas ações é uma combinação de atividades autotélicas e *exotélicas*. O que se requer é o equilíbrio saudável entre as duas dimensões das experiências da vida, incluindo-se as experiências pedagógicas.

Conclui Csikszentmihalyi (2004, p. 71-72) que a experiência *otimal* torna o ser mais complexo:

> *A complexidade resulta de dois processos físicos: a diferenciação, que implica um movimento em direção à unidade, distinguindo-se do outro, e a integração, seu oposto, que implica em união com outras pessoas, outras ideias e outras entidades além de si mesmo.*

Um ser complexo é aquele que sabe combinar as duas tendências. A diferenciação se explica pelo enfrentamento aos desafios, e a integração permite a harmonia das partes que antecedem e se sucedem às realizações da vida. Portanto, "na experiência *otimal* o indivíduo se torna mais complexo, ele se sente ao mesmo tempo único e integrado em suas relações com outros" (CSIKSZENTMIHALYI, 2004, p. 72).

Maria da Conceição de Oliveira Lopes (2014, p. 25), estudiosa do lúdico, conceitua a ludicidade como um fenômeno ontológico, de natureza comunicacional. Segundo a autora:

> *a ludicidade, enquanto fenômeno e condição de ser do Humano, está presente em cada pessoa e em todas as culturas. Manifesta-se diversamente e, na multiplicidade dos seus efeitos, verificamos que ela é potenciadora da intercompreensão, a meta ideal da comunicação humana.*

Não obstante, a lógica mercantilista no capitalismo hodierno traz o lúdico como marca consumível, a partir das indústrias, não só de brinquedos, mas de turismo, lazer, em que ganham ênfase o lucro e o hedonismo. Não é isso que apregoamos.

A ludicidade manifesta-se, segundo Lopes (2014), mediante algumas atividades sociais, como no brincar, no jogar, no recrear, no lazer, nos artefatos lúdicos e no humor. Incluímos, nesse rol, as festas. Entretanto, "a condição humana da ludicidade não está subjugada a calendários ou imposições institucionais, uma vez que pode manifestar-se em qualquer contexto situacional" (LOPES, 2014, p. 28).

Outro aspecto que merece destaque, na Teoria de Lopes (2014), é a questão da interação. A interação, na atividade lúdica, explicita-se nos acordos, explícitos ou implícitos, entre os envolvidos.

Segundo Lopes (2014, p. 28),

> A ordem da interação difere das outras ordens da interação situacional (não lúdicas), ela impõe um tipo de regulação aos comportamentos que se manifestam dentro da lógica da ludicidade "isto é para brincar", "isto é para jogar", "isto é recrear", "isto é lazer", "isto é festa"... É, nessa perspectiva, que se afirma que as manifestações da ludicidade podem ocorrer em qualquer momento e em qualquer contexto situacional da vida diária, dependendo, para tanto, apenas da negociação e decisão deliberada (intencional ou consciente) do(s) seu(s) protagonista(s).

As lógicas das interações são distintas. No brincar, por exemplo, são as crianças que decidem tacitamente entrar ou não entrar no jogo; com efeito, *in lusio* (ilusão em latim) significa 'estar em jogo'. Além disso, no brincar livre, no faz de conta, não há vencidos nem vencedores No jogar, diferentemente, com regras estabelecidas, a competição faz-se presente; assim como em alguns esportes, na maioria deles. A recreação, assim como o lazer estão submetidos à lógica do intervalo. Sendo que no lazer a diferença está em que há uma motivação interna, um impulso pela busca do prazer, porém em tempo distinto da atividade laboral. Na recreação, não – tomemos como exemplo os recreios escolares, ou as pausas em ambientes de trabalho. O que trazemos em pauta é que no espaço acadêmico ou escolar o estado lúdico seja também convocado a partir de atividades potencialmente lúdicas.

Assumimos o conceito de ludicidade como uma síntese entre as concepções trazidas à baila neste tópico. Concebemos, pois, a ludicidade como um fenômeno ontológico, autotélico e intersubjetivo. Um fenômeno, a um só tempo, subjetivo e objetivo, relacional, pelo qual o sujeito se envolve integralmente com a experiência vivida, individual ou socialmente. Dessa maneira, a ludicidade expressa-se mediante atividades potencialmente lúdicas ou em situações não nomeadas, nas quais o indivíduo se sinta em estado de bem-estar.

Assim, ao assumir a ludicidade como princípio formativo, sustentamos que as atividades potencialmente lúdicas se façam presentes na sala de aula como elementos estruturantes e organizadores prévios do processo ensino e aprendizagem. Para tal, cabe aos educadores assegurarem situações didáticas em que os educandos sejam instados a mobilizar suas capacidades de pensar, agir e sentir, sem hipertrofia da dimensão intelectual, em detrimento da dimensão sensível.

Segundo Csikszentmihalyi (2004), a ambiência familiar, de experiência *otimal* e lúdica, é aquela que estabelece: objetivos e regras claras; retroação; sentimento de controle; concentração; motivação e desafio. No espaço escolar acadêmico, o estado *otimal*, autotélico e lúdico é aquele que permite: o engajamento/envolvimento dos sujeitos na ação – autorresponsabilização; autonomia ou participação ativa nas regras do processo, ao contrário da anomia (falta de regras) e autoria – na criação, produção, construção de novos conhecimentos.

Para tal, é muito importante:

a) Traçar objetivos partilhados entre professores e alunos (realistas).
b) Avaliar conjuntamente os progressos dos educandos.
c) Concentrar-se nas tarefas e descobrir os desafios que lhe sejam inerentes.
d) Desenvolver atitudes proativas colaborativas para resolver problemas.
e) Aumentar o nível de dificuldade se a ação começar a ser entediante, entre outros.

Enfim, na Didática Sensível – considerando que a dimensão sensível inclui as linguagens artística e lúdica –, trazemos o lúdico como princípio formativo, isto é, como força motriz, resultante da integração das capacidades de "sentir, pensar, agir". Credita-se a tal princípio a mobilização do pensar criativo e transformador mediante diferentes linguagens artísticas e lúdicas. E, para convocar mais uma vez o sensível, enfatiza-se o valor da experiência para o ensinar e o aprender, revelados na unidade teoria/prática e na apreensão sensível/inteligível dos objetos de conhecimento. Convoca também a dimensão contemplativa do ser, em um trabalho integrado, interdisciplinar ou transdisciplinar.

O lúdico pode se fazer presente também no planejamento, na mediação dos conteúdos e na gestão da classe. No planejamento, como dispositivo didático participativo, aberto, adaptável e convidativo. Na mediação dos conteúdos a partir das metáforas lúdicas, do humor, das atividades potencialmente lúdicas. Na gestão da classe, ao propiciar a vivência das emoções e do linguajar lúdico em atividades que não se esgotem na dimensão racional.

Desse modo, assumir o lúdico como princípio formativo na Didática Sensível significa estarmos atentos ao desenvolvimento do ser humano integral, de modo saudável para si e para a convivência em sociedade.

## 3. Os fundamentos psicopedagógicos da Didática Sensível

Para além dos fundamentos ontológicos e epistemológicos já abordados anteriormente nos capítulos iniciais deste livro, fundamento a Didática Sensível na Psicologia Socioconstrutivista de Vygotsky, para sustentar o aspecto da inteligibilidade cognitiva, e na Teoria das Inteligências Múltiplas, de Howard Gardner (1994), para sustentar a inteligibilidade sensível.

A primeira atende à compreensão do processo construtivo das aprendizagens. Da sua dinâmica. De uma dinâmica que implica transformações, interação com o meio social, mediação compartilhada. Desde quando Piaget (1970a) publicou seu *Epistemologia genética*, o saber vem sendo compreendido de modo partilhado pelos construtivistas, como um constructo humano, portanto não proveniente exclusivamente do exterior e transferível a outrem. O aspecto mediacional é ressignificado por Vygotsky (1984), quando explica a mediação cognitiva.

> PIAGET, Jean. *L'épistémologie génétique*. Paris: Presses Universitaire de France, 1970a.

A partir dos estudos sobre mediação simbólica de Vygotsky, partilhamos o conceito de mediação cognitiva e trazemos à baila o conceito de mediação didática (D'ÁVILA, 2013).

Para Vygotsky (1984), o sistema de signos, construídos historicamente, é o elemento responsável pela mediação dos seres humanos entre si e entre estes e o mundo. A relação, então, das pessoas com o mundo não é direta, mas mediada por signos culturalmente constituídos pela atividade humana. A linguagem tem particular destaque nessa interpretação – significa o sistema simbólico fundamental na relação entre os grupos humanos, organizando os signos, historicamente, em estruturas complexas. A linguagem permite, assim: primeiro, que a pessoa se relacione com os objetos do mundo exterior, mesmo que ausentes; segundo, permite abstrair e generalizar a partir do uso de categorias, onde se inserem os objetos. Portanto, a linguagem permite a formação de conceitos e os organiza em categorias específicas; terceiro, a linguagem permite a comunicação social, o que garante a transmissão e preservação de valores/informações construídos socialmente e acumulados historicamente pela humanidade.

Os sistemas simbólicos, então, funcionam como elementos mediadores, permitindo a comunicação entre os homens, "o estabelecimento de significados compartilhados por determinado grupo cultural, a percepção e interpretação dos objetos, eventos e situações do mundo circundante"

(REGO, p. 55). Vygotsky (1984, p. 380) afirma, então, que os processos cognitivos que permitem o funcionamento mental humano são fornecidos pela cultura a partir da mediação simbólica:

> Não somente o pensamento é mediado exteriormente pelos signos, mas também interiormente pelas significações. A comunicação imediata entre as consciências, onde reside todo o problema, é impossível não somente fisicamente, mas também psicologicamente. Não se pode chegar a esta senão por uma via indireta, mediata, isto é, graças à mediação interna do pensamento, antes pelas significações, depois pelas palavras. É porque o pensamento não equivale jamais à significação literal das palavras. A significação serve de mediação entre o pensamento e a expressão verbal, isto é, a via que vai do pensamento à palavra é indireta, interiormente mediata.

Toda aprendizagem é então mediada pelos signos da cultura e isso inclui as várias linguagens construídas pelo ser humano em seu processo histórico. A mediação que exercem os professores sobre a aprendizagem dos alunos é também mediada pela cultura. Mediar não significa tão somente efetuar uma passagem, mas intervir no outro polo, transformando-o. Estamos, pois, falando de um duplo processo de mediação: a que liga o sujeito ao objeto de conhecimento, de um lado, entendida como mediação cognitiva. E a que liga os professores à relação entre sujeito e objeto de conhecimento – a mediação didática (D'ÁVILA, 2013).

A mediação cognitiva constitui-se a partir do desejo de saber. A mediação pode também ser tomada, no seu sentido amplo, como sistema de regulação (que organiza e concede forma) na determinação de uma estrutura exterior e como modalidade de ação que procura tornar o objeto de conhecimento desejável ao sujeito. É, pois, na mediação da mediação que a ação didática ganha corpo e se constitui como um meio de intervenção de natureza didática. A mediação didática deve atuar no interregno entre o que o aluno já sabe e o que ele pode vir a saber, em um processo que visa despertar o desejo de aprender (D'AVILA, 2013).

Do ponto de vista educativo, a mediação didática consiste em ajudar outra pessoa (ou conjunto de pessoas) no processo de reconhecimento, por exemplo, das características físicas ou sociais dos objetos de conhecimento, selecionando-os e organizando-os. A mediação "didática", por assim dizer, consiste em estabelecer as condições ideais à ativação do processo de aprendizagem, efetuando uma passagem, na qual uma totalidade se transforma em outra (D'ÁVILA, 2013).

Nesse sentido, quando fala em signos, Vygotsky (1987) refere-se a linguagens (no plural), e isso inclui a linguagem artística com todo o simbolismo que esta representa. As metáforas possuem este efeito, uma apreensão sensível e inteligível a um só tempo, e isso reforça nossa tese. A de que as metáforas criativas exercem importante papel na mediação cognitiva – entre sujeito e objetos de conhecimento – e na mediação didática – a mediação que exerce o professor ou a professora sobre a atividade construtiva dos educandos.

Além disso, a mediação simbólica a que se refere Vygotsky é por nós ressignificada, portanto, com base na configuração mediacional didática que incide nas capacidades inteligível e sensível dos sujeitos no processo de apreensão dos objetos de conhecimento. A mediação que parte de conflitos cognitivos que geram controvérsias coletivas representando assim um processo compartilhado, no qual os estudantes são protagonistas também. Uma mediação didática que, a partir das metáforas lúdicas e criativas, despertem o desejo de saber.

A aula é um fenômeno social, histórico, situado e também interpsíquico. Há, pois, na perspectiva que defendemos, uma compreensão intuitiva e global dos fenômenos da vida. Uma compreensão que preexiste no espírito antes de qualquer construção intelectual. Pode-se dizer de uma intuição antecipada (ou razão interna), o que assegura a ligação entre o simbólico, o imaginário, a vontade ou a intuição do que está acontecendo na realidade. A percepção da atmosfera emocional positiva e/ou negativa em uma sala de aula depende deste saber sensível dos professores, que nos remonta a uma apreensão *gestáltica* do fenômeno da aula, tão essencial quanto necessária à mediação didática do conhecimento. Assim como a percepção das aprendizagens, *insights* dos sujeitos, na sala.

A apreensão das não aprendizagens, das resistências, dos desconfortos, pois esses sentimentos e atitudes fazem parte do fenômeno da aula. A compreensão rápida, fugaz, de que aquele conhecimento que se está a mediar está sendo também compreendido – ou não – pelos sujeitos. Ninguém compreende igual a outro. Cada um apreende e compreende os objetos de conhecimento a sua maneira a partir de repertório histórico-cultural próprio, sensibilidades e emoções, conceitos preexistentes.

Para tanto, é preciso, com a Psicologia, com seu vasto campo de investigação, compreender as aprendizagens e a(s) inteligência(s) humana(s) sob diferentes prismas. E, mais recentemente, um estudioso da área, Howard Gardner, desde o final do século XX vem pesquisando sobre esses processos em uma perspectiva plurívoca que vem ao encontro dos pressupostos de uma Pedagogia e uma Didática como campos interdependentes que estudam os fenômenos do ensino também a partir de uma abordagem plural e multirreferencial. Nos estudos de Gardner (1994), sustentamos a síntese entre inteligibilidade cognitiva e sensível.

Gardner, neuropsicólogo americano, em seu livro *Estruturas da Mente: a Teoria das Inteligências Múltiplas* (1994), duvida da ideia socialmente validada de inteligência humana como sinônimo de raciocínio lógico mensurável por testes de quocientes de inteligência (QI). A classificação intelectual dos indivíduos em QI torna mais fácil também a classificação destes na pirâmide social. Do mesmo modo, ele põe em dúvida a ideia disseminada socialmente de que a inteligência vem a ser um dom hereditário e traz à baila a discussão histórica travada entre estes psicólogos inatistas *versus* os que creem na influência do ambiente e da cultura sobre a constituição das inteligências.

Na área da testagem da inteligência, desde o século XX, há os que acreditam em um fator único e geral do intelecto e os que postulam uma família de variadas habilidades mentais. Para Gardner (1994, p. 7), "há evidências persuasivas para a existência de diversas competências intelectuais humanas relativamente autônomas abreviadas como inteligências humanas". Daí a tese resultante a que chamou de Teoria das Inteligências

Múltiplas. Para desenvolver sua teoria, o autor recorreu a poderosas pesquisas na neurociência, na psicologia cognitiva, e também nos estudos sobre inteligência artificial; buscou evidências de sua tese em um grupo de fontes, como indivíduos talentosos, indivíduos ditos normais, os especialistas em determinados campos do saber e também pessoas com déficits intelectuais, além de indivíduos de diferentes culturas. As evidências convergentes dessas diferentes fontes apoiou a construção de uma lista preliminar de inteligências candidatas.

Gardner (1994), então, defende a existência de inteligências múltiplas coexistentes e relativamente autônomas e concede especial atenção para a educação em seus escritos, acreditando no poder de implicação que têm as culturas e também a educação sobre a mente humana. O autor (1994) descobriu quanto outras características para além do raciocínio lógico-matemático e linguístico podem fazer que pessoas sejam consideradas inteligentes em diferentes domínios ou linguagens. Faz uma opção pela abordagem dos "sistemas simbólicos" para o desenvolvimento de suas pesquisas. O uso dos signos seria um elemento diferenciador da Teoria Monolítica Piagetiana, como assevera o autor. Os gestos, a linguagem pictórica, a musical, a coreográfica e outras linguagens artísticas são, na visão gardneriana, linguagens extremamente preciosas na compreensão do desenvolvimento da(s) inteligência(s) humana(s). Esse advento, na Teoria Gardneriana, em muito favoreceu a compreensão da Didática Sensível.

Se há um conceito difícil de ser definido este é o conceito de inteligência. Não há consenso sobre esse fenômeno estudado por diversas áreas do conhecimento. A inteligência não é mensurável nem é um dom herdado. A inteligência tampouco pode ser pensada unicamente como a capacidade de processar informações. Ela não é raciocínio lógico. Não é um sistema sensorial. Gardner (1994) apoiou seus estudos na Psicologia do Desenvolvimento, na Ciência Cognitiva, na Neurobiologia e na Neuropsicologia. Segundo afirma, a inteligência significa múltiplas capacidades intelectuais diferenciadas entre si e relativamente autônomas; ou seja, são interdependentes: elas podem "ligar-se, suplementar-se ou equilibrar-se para desempenhar tarefas culturalmente mais complexas e relevantes" (GARDNER, 1994, p. 50). Há, inclusive, e segundo estudos da neurobiologia, regiões no cérebro que correspondem a determinadas formas de cognição e, por assim dizer, a diferentes formas de se processar uma informação.

A inteligência, resumidamente, é a capacidade para se resolver problemas (com potencial para encontrar e criar problemas, inclusive), construir produtos eficazes e criar projetos. Todo ser inteligente é criativo. Esses pré-requisitos representam o esforço do autor em focalizar os potenciais intelectuais que têm importância dentro de determinado contexto cultural (GARDNER, 1994, p. 46). Cada inteligência opera de acordo com a própria natureza e possui as próprias bases biológicas – não há um fator único de inteligência comum a todos os indivíduos.

A partir dos pré-requisitos supracitados, Gardner (1994) conseguiu catalogar capacidades intelectuais – ou inteligências humanas – sempre respeitando a importância concedida pelas diferentes culturas a estas.

Faremos aqui uma síntese aproximativa da lista de inteligências consideradas pelo autor: a primeira delas, a inteligência linguística – a que parece ser comum a todo mortal, pelo menos a mais compartilhada na espécie humana. São características dessa inteligência, a sensibilidade ao significado das palavras, à ordem entre elas (o seguir as regras gramaticais), sensibilidade aos sons das palavras e até mesmo a sua rítmica (própria dos poetas), seu potencial para convencer, entusiasmar, estimular, explicar, ensinar.

A inteligência musical talvez seja a inteligência menos reconhecida socialmente como inteligência. Há uma sutil diferença entre ter talento e ter inteligência em nossa cultura, em que normalmente o sujeito inteligente é aquele que tem um raciocínio lógico apurado e rápido. Entretanto, para Gardner (1994) (também um músico, além de cientista), a inteligência musical pôde ser rapidamente incluída em seu rol de inteligências humanas. Indiscutivelmente, esta é uma capacidade que aparece de forma precoce em muitos casos. São pessoas sensíveis ao tom (melodia), timbres (qualidades características de um som), ritmos (sons emitidos em determinadas frequências). Estes são aspectos centrais na inteligência musical. Em uma composição, o sujeito não pensa antes na aritmética das notas musicais, tampouco nas palavras, mas em um processo que flui concatenado entre os tons e seus efeitos em acordes criando melodias e, assim, resolvendo problemas, construindo um novo produto. A organização rítmica, independente da audição, é crucial nesse momento. Os elementos entrelaçam-se e o aspecto afetivo é central.

A inteligência musical, como qualquer outra, tem uma relação de interdependência com outras capacidades intelectuais. Com a capacidade linguística o fato de ser explorada e orientada pelo canal sensorial oral-auditivo. Também com a linguagem corporal ou gestual (a dança, os movimentos rítmicos); com a capacidade espacial, a fim de "estabelecer, apreciar e revisar o conjunto arquitetônico de uma composição". A relação entre os tons, em uma escala, com seus intervalos, por exemplo, depende de uma sensibilidade espaço-temporal importante; também um músico deve ser sensível a padrões e regularidades que são matemáticas, como as que acabei de citar.

A inteligência lógico-matemática, por sua vez, é a inteligência mais valorizada socialmente na hierarquia das capacidades intelectuais. Ao contrário das inteligências pregressas, esta não se origina na esfera auditiva e oral, mas da relação do indivíduo com os objetos. Nesse confronto, o sujeito se vê diante da necessidade do pensar lógico-matemático: o reconhecimento das distâncias, das relações entre elas, a reordenação, a classificação, as quantidades, as medidas. O pensar matemático está indissociavelmente ligado ao raciocínio lógico. É um pensar orientado por silogismos, construções guiadas por uma ordem na qual dois ou mais elementos são dispostos, devendo levar a uma conclusão. O pensar lógico prima pelas relações entre as proposições; portanto, entre as etapas que devem conduzir a um objetivo explicativo final. O pensar lógico-matemático parte de observações do mundo físico, do mundo material, mas se move sempre para sistemas formais abstratos, "cujas interconexões tornam-se questões de lógica em vez de observação empírica" (GARDNER,

1994, p. 105), a partir de modelos representacionais. A pessoa que tem a inteligência lógico-matemática desenvolvida é aquela sensível às propriedades numéricas, às resoluções de problemas tangíveis, às argumentações lógicas, a modelos explicativos do plano material.

Concordando com Gardner (1994), esta não é a inteligência humana mais importante. É uma capacidade entre várias no vasto repertório humano. E rebate o argumento de que a matemática atravessa todas as inteligências, argumentando que, claro, há lógica na inteligência musical ou linguística ou espacial, mas essas lógicas operam segundo as próprias regras. É outro sistema que não funciona de modo análogo.

Outra inteligência reportada nos estudos de Gardner (1994) diz respeito à inteligência espacial, ou visuoespacial; não obstante o adendo, o neuropsicólogo prefere intitulá-la de espacial, haja vista que mesmo pessoas privadas do sentido da visão podem ter tal capacidade intelectual bem desenvolvida. Não é surpreendente, por exemplo, observarmos pessoas cegas organizando-se em diferentes ambientes; a capacidade que têm de encontrar objetos ou mesmo de se locomover no espaço sem esbarrar já indica quão desenvolvida pode ser essa capacidade nessas pessoas. Tudo decorre da capacidade imagética que se projeta no cérebro, ou, em outras palavras, da capacidade de imaginação, associada também a outras habilidades, possivelmente. Essa inteligência está, entre outras, intimamente associada a algumas habilidades artísticas, como a escultura e a pintura, por exemplo. Além de ser muito bem associada à prática dos esportes, típica da inteligência corporal-cinestésica. São características centrais da inteligência espacial, "perceber o mundo visual com precisão, efetuar transformações ou modificações sobre as percepções iniciais e ser capaz de recriar aspectos da experiência visual, mesmo na ausência de estímulos físicos relevantes" (GARDNER, 1994, p. 135).

A inteligência espacial traz em si diferentes habilidades: a capacidade de reconhecer a identidade de um objeto quando ele é visto de diferentes ângulos; a capacidade de imaginar deslocamento interno entre as partes de uma configuração e a capacidade de pensar sobre as relações espaciais.

Também a capacidade de perceber formas geométricas e de manipular mentalmente as relações espaciais são características dessa inteligência; a capacidade de reproduzir uma representação gráfica de informações espaciais.

Todas as inteligências possuem valor incomensurável para a vida social. Na inteligência espacial algumas ocupações se destacam, como a do arquiteto, matemático, engenheiro, escultor e até pintor. Nas artes pintura e escultura, sobressaem-se Michelangelo, capaz de se lembrar de obras que visualizara apenas uma vez, segundo relatos históricos, ou o próprio Leonardo da Vinci, que propunha desenhos a partir de rachaduras nas paredes. A Didática Sensível deve estar atenta às atividades que remontem às capacidades viso-espaciais tomadas como exemplos dos mestres da pintura, sugerindo, sempre que adaptáveis às necessidades, metáforas imagéticas e jogos lúdicos que estimulem o uso do espaço e suas relações.

Talvez a inteligência menos reconhecida como tal e mais vagamente estudada na nossa cultura ocidental seja a inteligência corporal-cinestésica. Talvez porque vivamos em um mundo em que o pensar lógico-matemático seja tão amplamente valorizado e relacionado ao sucesso profissional e, por isso mesmo, a escola reproduza com tanto vigor essa dita "verdade". Talvez também por isso as pessoas com potencial corporal mais desenvolvido nas escolas sejam muitas vezes deixadas de lado em nome de um padrão único de inteligência.

Em nossas salas de aula, podemos perceber alunos desatentos, mas exímios jogadores de futebol, ou alunos hiperativos, mas excelentes dançarinos, e que são normalmente taxados como menos inteligentes em relação àqueles com bom desempenho nas disciplinas científicas e que recebem as melhores notas na caderneta escolar. Em meu caso particular, meus alunos e alunas de dança sempre se queixaram do típico comportamento didático docente na universidade: o de utilizar como único padrão em suas aulas a exposição verbal. Talvez não estejamos percebendo o quão importante seja observar com sensibilidade as diferenças em nossa sala de aula, atestando que a inteligência corporal-cinestésica tem também seu lugar.

Em uma Didática Sensível, as estratégias usadas pelos docentes devem incluir atividades corporais, ou atentas à aliança indissociável "corpo, mente e espírito". Normalmente nas aulas de Didática começamos com atividades de alongamento, concentração e sensibilização. Muitas vezes sugerimos que os alunos estabeleçam relações entre atividades corporais e o conteúdo trabalhado. Temos tido relativo sucesso em aulas nas quais exploramos atividades corporais. Logicamente há sempre resistências a serem vencidas, mas, nas avaliações de final de aulas ou mesmo de final de semestre, os alunos se reportam aos interessantes exercícios corporais de forma muito positiva. Mesmo docentes, em cursos de formação continuada, se reportam sempre a essas atividades com muita simpatia.

A inteligência corporal-cinestésica, ou simplesmente corporal, tem como centro a habilidade no uso do corpo para propósitos funcionais (como trabalhar habilmente com objetos) ou expressivos (como por propósitos artísticos ou atléticos). Claro, como qualquer outra inteligência, a corporal utiliza-se de outras habilidades para ser operacional. Inteligências pessoais, musical, espacial ou linguística podem estar associadas a esta, muito embora a inteligência corporal possa ser considerada uma inteligência típica.

A inteligência corporal traz em si a ideia de uso do corpo para a obtenção de objetivos, quer seja este objetivo funcional (ter alguma função, como a de uso de ferramentas) ou expressivo (expressão artística, como a dança). Assim, o uso do cérebro, como comando central, será subsidiário na tarefa do corpo. A atividade mental deve ser considerada um meio para a finalidade de executar ações pelo próprio corpo. É como se o cérebro desse o comando em resposta a uma demanda do corpo.

Afirma Gardner (1994) que a inteligência corporal completa um trio de inteligências relacionadas a objetos: a lógico-matemática, a espacial e a corporal, quando ligada a ações físicas sobre objetos.

Na Didática Sensível, é fundamental o desenvolvimento dessa sensibilidade em relação às outras linguagens, sobretudo à linguagem artística em suas mais variadas manifestações. É próprio dessa tendência o trabalho com metáforas artísticas, por exemplo, as imagens, o teatro, o movimento e até mesmo a dança estão presentes como estratégias que além de soltar as amarras da timidez possibilitam a abertura de outros canais do espírito para a apreensão inteligível dos conhecimentos. Uma apreensão que passa pelo sensível.

"Conhece-te a ti mesmo". Provavelmente Gardner (1994) inspirou-se nessa máxima socrática para conceituar o que chamou de inteligências pessoais. Estas últimas se subdividem em inteligência intrapessoal – refere-se ao autoconhecimento e controle das emoções – e a inteligência interpessoal – o conhecimento para fora, para o outro nas suas inter-relações. Tais inteligências correspondem a capacidades de processamento de informações – sobre si mesmo e os outros – disponível desde muito cedo para os seres humanos. Surgem normalmente desde o vínculo estabelecido entre o bebê e a mãe, em uma história evolutiva que será indispensável ao crescimento deste ser. Principalmente durante o primeiro ano de vida essa relação será fundante à constituição do *self* (senso do eu) e a mãe desempenha um papel relevante, oferecendo o amor e aconchego e, ao mesmo tempo, um distanciamento flexível necessário para que o bebê desenvolva uma relação também positiva com os outros objetos e o mundo.

Atinente a todo ser humano, mas tipicamente desenvolvidas em alguns, as inteligências pessoais se desenvolvem diferentemente em diferentes culturas. Contudo, após os estudos desenvolvimentais de Piaget e as contribuições dos psicanalistas, com destaque para Sigmund Freud, pode-se situar os estágios de desenvolvimento emocional pelos quais os indivíduos passam em suas distintas trajetórias.

Primeiramente o vínculo estabelecido entre a criança e a mãe (ou outro referente similar ao materno) nos primeiros meses e até os dois anos de vida; é desta relação que o bebê vai passar a diferenciar os papéis socioafetivos de seus familiares, como pais, irmãos e outros. Vai discriminar e imitar expressões faciais, depois comportamentos motores e, mais à frente, os comportamentos morais.

Dos dois aos cinco anos, uma revolução intelectual acomete o desenvolvimento infantil – a emergência do pensamento simbólico. Piaget (1970a, 1970b) estudou longamente esse período, assim como Vygotsky (1984), e possuem diferentes conceitualizações desenvolvimentais e de aprendizagem. A partir daí tudo no mundo com sua rica simbologia passa a ser interpretado pela criança, reverberando no desenvolvimento cognitivo: palavras, gestos, números, símbolos de modo geral, auxiliarão a discriminar suas ações no ambiente orientadas por intencionalidades. Antes suas discriminações simples brotavam de seus humores e necessidades fisiológicas e físicas mais prementes, a partir dessa etapa, suas ações são guiadas, não por reflexos, mas por intenções razoavelmente construídas. A partir da linguagem, da fala ("quero comer", "quero sair", "prefiro aquela roupa" ou "aquele cabelo"), do faz de conta e dos desenhos, ela passa a expressar seus sentimentos em relação ao mundo. As brincadeiras são essenciais nesse período; nelas, as crianças expressam seus sentimentos mais profundos, alegrias e traumas – a criança que não brinca pode acarretar danos devastadores em seu desenvolvimento emocional. É nesse ambiente, lúdico por excelência, que ela desenvolve sua socialização, suas aprendizagens sociais, noções de certo ou errado, de limites, de sim e não, de obediência a comportamentos sociais e vida em comunidade. Nessa etapa também a criança começa a desenvolver sua inteligência intra e interpessoal, correlacionando o comportamento de outrem (pais, familiares, amiguinhos, professores) ao próprio comportamento, identificando o que é positivo ou negativo, o que é importante, o que desejam ser.

A escola desempenha importante papel no desenvolvimento infantil e no desenvolvimento das inteligências pessoais, por assim dizer, a partir dos seis ou sete anos. Em um nível de conhecimento social relevante, em meio a um grande coletivo, a criança vai anotar e assimilar os papéis sociais mais diferenciadamente. Com as operações concretas, distinguidas por Piaget, ela vai demonstrar maior flexibilidade em suas operações mentais e também em seu comportamento social, incorporando o "olhar" do outro para si, apreendendo os pontos de vista alheios aos seus. É nesse ambiente sociocultural que a criança se desenvolve como ser genuinamente social, diz Gardner (1994). Reconhecer, distinguir as pessoas em seus papéis, desenvolver senso de justiça, de pertença, reconhecer as intenções do outro, aceitar normas.

Dessa fase até a puberdade, a criança vai agudizando sua sensibilidade social: os pais, a família, amigos e escola possuem papel preponderante nessas etapas citadas. As regras de convívio social são incorporadas aí e o aprofundamento das amizades, das aprendizagens sociais, noções de certo ou errado, mesmo que ainda dependam muito da aprovação de seus grupos de pertença, se desenvolvem de forma mais profunda. Os ensinamentos da infância são enraizadores dos comportamentos sociais futuros, mesmo que estes ainda possam mudar. A inteligência interpessoal está colocada à prova, ela está infinitamente mais descentrada e vai conferir importância grande aos grupos de amigos (não familiares). A aceitação em um grupo ou não pode gerar profundas frustrações e traumas, os sentimentos de desamparo (caso sinta problemas na convivência social) e o acirramento dos grupos fechados.

Na puberdade e na adolescência, esse aspecto se acentua e ganha quase uma autonomia. É como se os amigos fossem mais importantes que os familiares, suas opiniões e crenças. É "como se fosse", mas não necessariamente assim. Como dissemos, as aprendizagens primeiras da infância estão na essência, e os conflitos internos recrudescem. Com a adolescência, mesmo com a crescente necessidade da autoafirmação (inteligência intrapessoal, o "conhece-te a ti mesmo"), o indivíduo desenvolve maior sensibilidade social, é capaz de estender seu olhar para o entorno e compreender as motivações e desejos de outrem. Não esperam mais recompensas físicas, mas apoio psicológico, e o processo de identificação com os amigos passa pela valorização de seu conhecimento e habilidades. Muito da inteligência intra e interpessoal se desenvolve neste período, período de descentramento e de mergulho em si. Gardner (1994) chama-nos a atenção para o processo de construção identitária, desenvolvimento do senso do eu, como processos emergentes e necessários ao desempenho social como pessoa adulta nos papéis sociais a serem escolhidos.

Finalmente, as inteligências pessoais continuam a se desenvolver também na maturidade, idade adulta e mesmo na velhice, quando se pode atingir seu ápice (a sabedoria humana). Na idade adulta, principalmente na meia-idade, será quando o indivíduo poderá se dizer mais ou menos realizado, autônomo, integrado socialmente, ou não. "Um eu desenvolvido a partir de modelos altamente desejáveis", diz Gardner (1994, p. 195), como Sócrates, Gandhi, Jesus Cristo, poderá ser uma meta inatingível, mas mesmo assim uma meta. A constituição de um eu mais individualista ou altruísta depende muito do contexto cultural, da família e vida social pregressa. Porém, algo parece acertado: o fato de que a educação possui um peso significativo na constituição das emoções e inteligências pessoais. Nesse sentido, quanto mais desenvolvidos forem a inteligência intrapessoal, o conhecimento de si, e o entendimento dos próprios sentimentos, mais equilíbrio emocional essa pessoa terá. Em contrapartida, quanto menos conhecer a si mesma, mais essa pessoa tenderá a sofrer e agir de forma inadequada com ela mesma e para com os outros.

Longe de colocar ponto-final no esclarecimento das inteligências pessoais e sua importância no desenvolvimento saudável, Gardner (1994), como neurologista também, traz à luz a contribuição da neurociência para a compreensão destas.

Pesquisas relatadas pelo autor indicam que o lóbulo frontal possui papel diretamente relacionado ao desenvolvimento das inteligências. Problemas nessa parte do cérebro causarão sérios danos às formas pessoais de conhecimento intra e interpessoal. Nos lóbulos frontais, parece haver dois tipos de informação: um é nossa capacidade de conhecer outras pessoas – reconhecer rostos, vozes, personalidades – e de reagir adequadamente a elas. Outro tipo é a sensibilidade aos nossos sentimentos, vontades e medos, às nossas histórias pessoais. Mesmo em outros animais essas capacidades foram verificadas, como nos primatas, sobretudo nos chimpanzés, mas não com o mesmo nível de complexidade. O autor afirma ainda que são essas capacidades que nos auxiliam a construir teorias e crenças sobre os indivíduos. E desfecha, afirmando que, com muita probabilidade, outras áreas do cérebro (corticais ou subcorticais) irão concorrer para a elaboração das inteligências pessoais.

Enfim, dizer da importância das inteligências intra e interpessoal na vida em sociedade é praticamente redundante e essas inteligências podem ser mais desenvolvidas em uns que em outros indivíduos, isso vai depender muito da cultura em que estejam inseridos, das relações sociais travadas em seu entorno e suas influências na constituição do *self*. A cultura possui papel relevante, portanto. A educação também.

Um(a) professor(a) que não conhece seu papel como modelo diante de seus alunos, crianças, adolescentes ou adultos, corre sérios riscos de incompreensão, no mínimo, podendo adotar condutas inadequadas perante a classe, gerando traumas e/ou sofrimentos psíquicos. Ele(a) deve ser sensível às características pessoais de seus alunos, e também às suas sensibilidades, reconhecendo-as, valorizando-as, estimulando-as, tanto quanto possível.

Assim, na Didática Sensível, entende-se que todas as inteligências, ou capacidades humanas, precisam estar despertas ou, pelo menos, precisam ser reconhecidas e valorizadas no espaço escolar. Não somente a capacidade lógico-matemática ou a linguística. É necessário prestar atenção às diferenças individuais também, às subjetividades. Uma educação que não reconhece a subjetividade humana enrijece o pensamento e isso traz danos para a vida cotidiana e futura. Quantas riquezas são desperdiçadas na sala de aula: magníficos desenhos, talentos musicais desconhecidos, potenciais da corporeidade, da intuição, da inteligência emocional presentes nas relações intra e interpessoais. Na Didática Sensível, entende-se que: o que os olhos veem, o coração sente e o cérebro processa. O que o corpo aprende, a intuição sente e o cérebro decodifica em signos racionais. Trata-se de uma racionalidade que rompe com a racionalidade instrumental, pela qual o sujeito apreende o mundo apenas por meio do raciocínio lógico, como se não sentisse, não intuísse antes da sua construção cognitiva. A sensibilidade a que nos referimos é também um tipo de inteligência que presumimos associada à inteligência cognitiva. Não se trata de uma substituição de uma racionalidade por outra, mas de uma racionalidade que associa o sensível ao inteligível.

## 4. O *modus operandi* da Didática Sensível

A operacionalização da Didática Sensível é regida por etapas que se entremeiam e não necessariamente seguem uma ordenação linear: às vezes se interpõem, há passos que se antecipam, assim por diante. Portanto, sem pretender adotar uma lógica linear em sua expressão e significação, intitularemos esses passos de coreografia didática:

a) **Sentir:** possibilitar o escutar, ver, tocar, cheirar, sentir o gosto das coisas.
b) **Intuir:** possibilitar a compreensão *gestáltica* pelas antecipações empíricas.
c) **Metaforizar/imaginar:** a partir de metáforas criativas soltar as amarras do pensamento rígido e imaginar.
d) **Experivivenciar:** a partir de situações problematizadas, construídas, vivenciar a experiência com o saber.
e) **Ressignificar:** emitir um significado pessoal aos objetos de conhecimento.
f) **Criar:** estimular e permitir o emergir de novas compreensões, construção do novo conhecimento.

### SENTIR

A sensibilização refere-se às atividades que possibilitem ao sujeito sentir o conhecimento e apreendê-lo pelas vias sensoriais e/ou pela apreensão sutil mediada pelo sensível, vendo, tocando, escutando, intuindo, se emocionando. Para tal o trabalho com as metáforas criativas e lúdicas se faz fundamental.

Maturana e Varela (1997), na Teoria Autopoiética, que conceberam nos anos 1970, entendem a educação como um fenômeno biopsicossocial, envolvendo todas as dimensões do ser, essencialmente, corpo, mente e espírito. A partir dessa premissa, Moraes e Torre (2004) publicaram um livro, *Sentipensar*, no qual adotam a Teoria Autopoiética como principal fundamento. A emoção está na base de suas explicações, entendida como o motor de todas as ações humanas: "Sentipensar é o encontro intensamente consciente de razão e sentimento", como um processo que resultaria de "uma modulação mútua e recorrente entre emoção, sentimento e pensamento que surge no viver/conviver de cada pessoa" (MORAES; TORRE, 2004, p. 58). A emoção é inteligência também, talvez seja um tipo de inteligência pouco escutada e mal compreendida nos processos educacionais, mas é a energia que move nossas atitudes perante o mundo.

Possibilitar o sentir significa abrir vias ou caminhos de apreensão inteligível do conhecimento, criando espaços operacionais. O pensar exclusivamente racional não existe, ou se existe, existe *apesar* das formas de ensino que o elegem como único canal conducente para o aprender. Assim, o *cogito, ergo sum* cartesiano deveria ceder espaço para o "sinto e penso, logo existo". A vivência emocional, asseguram Moraes e Torre (2004, p. 61), produz mudanças fisiológicas que predispõem ao agir, sejam estas reações involuntárias (mudanças fisiológicas) ou voluntárias (faciais, verbais ou comportamentais).

Os referidos autores (2004, p. 69) acrescentam que o *sentipensar* para educar:

> *é reconhecer a multidimensionalidade do ser humano, o que ajudará a refazer a aliança entre o racional e o intuitivo, o contemplativo e o empírico, a integração hemisférica, favorecendo, assim, a evolução do pensamento, da consciência e do espírito.*

Nesse princípio de sensibilização, importa compreendermos que os sentidos são mediadores ou canais de estímulos para a interpretação racional. As percepções sensoriais são muito importantes para a aprendizagem e podem funcionar como poderoso estímulo para o desejo de aprender, a abertura a que chamamos a atenção anteriormente. Quando se percebe o mundo no entorno, as coisas e as imagens, percebe-se de modo integrado em um complexo sistema neuronal, carregado de emoções que favorecem os sentidos racionalizados também.

Moraes e Torre (2004) citam a importância da neurociência para a compreensão dos processos de inteligência, aprendizagem e desenvolvimento humano. As descobertas dos estudos neurológicos apontam para a importância que têm os neurotransmissores responsáveis pelos estados emocionais. Assim, a acetilcolina seria a substância geradora de sentimentos, julgamentos e estimulação intelectual; a adrenalina, a substância responsável pela excitação e rendimento; a dopamina e a endorfina seriam as substâncias que proporcionariam euforia, prazer. A serotonina despendida é um neurotransmissor que também provoca sensações de bem-estar, constituindo-se como "suporte neuroquímico que possibilita a frequência e a persistência desses momentos" (MORAES; TORRE, 2004, p. 62). Nesse caso, e concordamos com os autores, em reconhecendo a capacidade que tem nosso cérebro de provocar tais substâncias químicas, seríamos responsáveis, em sala de aula, por estimulá-las, criando situações favorecedoras para a aprendizagem: "a estimulação multissensorial tem um papel decisivo na aprendizagem integrada" (MORAES; TORRE, 2004, p. 87).

Recentemente, ao lecionar o componente Didática, para uma turma de alunos de Pedagogia, ouvi em uníssono dos alunos que os conhecimentos que eles apreenderam de forma mais significativa foram aqueles em que trabalharam com metáforas criativas e lúdicas. Assim, os estímulos multissensoriais podem provocar uma revolução na sala de aula no sentido positivo de abrir canais para o aprender significativo, para o desenvolvimento de habilidades cognitivas. Os estímulos para além da via sensorial podem ser também abstratos e simbólicos. Assim, as problematizações ocupam lugar importante nas aulas, bem como outros organizadores prévios que incluam as propriedades do conhecimento a ser mediado.

Asseguram Moraes e Torre (2004, p. 103) que "o sistema sensorial não somente inclui os sentidos da vida, ouvido, tato, olfato e paladar, mas também os sentidos proprioceptores que nos põem em contato com o sistema sinestésico e visceral". São as sensações pelas quais sentimos bem-estar ou mal-estar. Usar então dos sentidos tátil, auditivo e motor nas aulas constitui ótima compreensão para o aprender com inteireza.

## INTUIR

A intuição ganha relevância em uma educação voltada para a estesia e o estético. A intuição compreendida como uma maneira pré-reflexiva de apreensão do todo, como um tipo de saber do qual todos somos portadores. Com a Didática trata-se de operar com uma lógica que rompe com uma única forma de inteligência – a lógico-matemática – mais valorizada socialmente em nossa cultura. Uma outra lógica que, afinal, supera esta visão do pensar unicamente pela razão, da apreensão do conhecimento por concatenações lógicas, e coordena uma ação que parte do *sentipensar*.

Segundo Araújo (2008, p. 103), com a lógica, somos capazes de comprovar, mas somente com a intuição é possível inventar. Assim, a intuição é uma capacidade, um sentido outro ao qual deveríamos projetar maior atenção, pois é fundamental para o processo criativo. Não se pode criar nada apoiados unicamente na lógica formal. Isolado o pensamento analítico, compreendem-se apenas os aspectos formais do conhecimento, mas para o pensar criativo serão necessários outros sentidos/capacidades, como a imaginação e a intuição.

Assim, Araújo (2008, p. 103) fala da necessidade da relação com a intuição, ou "razão-sentido" – como elo primordial nas relações humanas – e assevera:

> *A percepção intuitiva contempla o dinamismo da inteireza orgânica dos fenômenos, das coisas, atravessando as relações intrínsecas de suas redes*

*de conexões, aponta para a interligação do que foi fragmentado para o entrelaçar dos fios das redes através de sentires e de posturas que religam e vislumbram o dinamismo da inteireza das coisas. Realça as conexões mais difusas e até invisíveis que compõem as tramas dos sentidos.*

Para tal arte, o uso de imagens ou de metáforas criativas se faz essencial – aspecto explorado no tópico a seguir.

## Metaforizar/imaginar

Metáfora deriva do grego μεταφορά, 'transferência, transporte para outro lugar', mediante a junção de dois elementos – *meta*: 'sobre' e *pherein*: 'transporte'. "Nesse sentido, metáfora surge como sinônimo de 'transporte', 'mudança', 'transferência' e, em sentido mais específico, 'transporte de sentido próprio em sentido figurado'. Essa ideia de transportar, de deslocar o pensamento para outro lugar, é própria do uso de figuras de linguagem, imagens para designar fatos, coisas, situações; próprio da capacidade poética e criativa do ser, metaforizar, além de transportar o outro, significa transportar-se para uma outra dimensão mais sutil do ser.

> Disponível em: https://edtl.fcsh.unl.pt/encyclopedia/metafora/. Acesso em: 13 jul. 2021.

Para Maffesoli (2005), a metáfora está presente no mundo simbólico do cotidiano: pode estar em um poema, em um *rap*, no *funk*, em uma obra de arte visual, em uma pintura, ou escultura, assim como nos diversos símbolos e códigos que circundam a vida das tribos societais. A metáfora constitui, pois, uma categoria imprescindível no pensar orgânico proposto para a Pedagogia Raciovitalista, pois auxilia na compreensão das sutilezas do existir humano e está impregnada em nosso *modus operandi*. Fundamentalmente, pode-se dizer que, para aprendermos, todos os nossos sentidos são postos à prova: ouvir, ver, cheirar, tocar, sentir o sabor; o sabor do saber. Com efeito, o termo saber vem do latim *sapere* – e na origem significa 'ter gosto, sabor'. Onde ficou perdido este elo?

Aprendemos melhor se utilizamos esses canais de conhecimento, essas vias de acesso ao saber. Ativamos a cognição pela ação criativa. No momento em que estamos a criar, os nossos poros se abrem à nova aprendizagem. As funções cognitivas superiores – analisar, generalizar, compreender, deduzir, imaginar – estariam, assim, em melhores condições de estruturar as aprendizagens (VYGOTSKY, 1984).

O procedimento didático do metaforizar parte quase sempre de algum estímulo estésico (do sentir) ou estético (artístico ou lúdico), a fim de que os partícipes entrem em um estado de abertura para a apreensão, compreensão e ressignificação dos objetos de conhecimento. A metáfora, a partir da imagem, "proporciona a apreensão das coisas, dos fenômenos, do existir, desde dentro de suas teias entrelaçadas, de suas ambiguidades e polifonias, em seu fundo sem fundo penetrante, interpenetrante", como nos diz Araújo (2008, p. 109).

Metáforas são imagens, figuras de linguagem, que utilizamos para representar alguma coisa ou conhecimento de modo implícito. São formas criativas de designar e interpretar as coisas, situações, fatos, conhecimentos. A metaforização à qual os professores devem recorrer na Didática Sensível refere-se à produção de situações criativas (lúdicas, artísticas) que envolvam os partícipes no interjogo de ensinar e aprender. São exemplos de metáforas criativas: o jogo, a dramatização, o filme, as imagens, a poesia, a música, o movimento ou a dança, como representações do mundo em nosso entorno e, portanto, do conhecimento produzido. Essas diferentes linguagens são capazes de captar com mais facilidade os processos reflexivos e de produzir transformações nos modos de pensar e ver a realidade.

Acreditam Moraes e Torre (2004, p. 65), e concordamos com eles:

> na força transformadora da linguagem emocional em ambientes lúdicos no sentido de gerar um espaço de ação reflexão que facilita a construção do conhecimento e desenvolvimento de novas atitudes e habilidades associadas à vivência de valores humanos.

Valemo-nos neste trabalho das linguagens artísticas, nas quais é indissociável o elo que une razão e intuição, como aspecto fundamental ao processo de ensinar e de aprender, em uma perspectiva que pode ser vivenciada em qualquer campo disciplinar: a linguagem fílmica, pictórica, fotográfica. As imagens são representações do real com fortíssimo conteúdo subliminar capaz de despertar conexões intelecto-emocionais incríveis. Este é o caso do trabalho na etapa da metaforização, na qual lançamos mão das obras de pintores clássicos, como Monet, Picasso, Miró, ou pintores não conhecidos, mas com obras expressivas, e que guardem relação com os conteúdos propostos. Pode-se trabalhar também com esculturas, fotografias artísticas ou trabalhos gráficos que expressem, clamem os sentidos e despertem a imaginação.

Imaginar está para além de observar tão simplesmente. Imaginar depende de contemplar, pensar e sonhar, ou fruir. O ensinar/aprender na Didática Sensível permite esse movimento da fruição à imaginação, à ressignificação de conceitos a sua recriação – o momento de pôr em prática os conhecimentos não como uma repetição de modelo, mas como exercício de autoria.

Imaginar vem de imagem. Do latim *imaginare*, significa 'formar uma imagem mental de algo', derivado de *imago*, significa 'imagem, representação'.

Disponível em: https://origemdapalavra.com.br/ Acesso em: 12 dez. 2021.

Em entrevista que realizamos com Maffesoli (2017), o sociólogo enaltece a importância da imaginação:

> é necessário integrar essa imaginação. Por exemplo, o papel das imagens está presente na internet. Portanto, é preciso saber fazer uso dos videogames, é preciso saber utilizar aquilo que chamei "a rebelião do imaginário". O imaginário se vinga. Vê-se bem como, para o melhor e para o pior, evidentemente, há um retorno dessas formas da imagem, da imaginação. Vou lhes dar um exemplo. Quando vimos o sucesso enorme de Harry Potter, os livros e os filmes, percebe-se que não se pode continuar a pensar a educação de uma forma puramente racional. É preciso integrar nela esses mitos, esses sonhos, esse aspecto lúdico [...]. Isto, por exemplo, parece-me algo que dá importância ao raciovitalismo.

Como aprender sem imaginação? Que absurdo rapto da capacidade criadora do ser humano! O processo de ensino que se fundamenta unicamente em repetições corta toda a capacidade imaginativa do ser humano – a atividade mental iniciadora de ações criativas, como a composição, a culinária, o vestir-se, o planejar, o escrever ou o fazer aulas. Presente na maior parte de nossas ações cotidianas, cada vez menos o *imaginare* está presente na sala de aula.

Na Didática Sensível, suscitamos a imaginação como aspecto inelutável diante do processo de aprender/ensinar/aprender, possibilitando as conexões, os diálogos mais profundos entre conteúdo mediado e experiências dos alunos, seus nexos e idiossincrasias. O uso de estratégias visuais favorecerá bastante os alunos que tenham a inteligência espacial bem desenvolvida e que, muitas vezes, nas aulas que dependem unicamente da palavra passam despercebidos.

Estas estratégias incluem, além da observação, as representações gráficas que permitam a visualização criativa do conhecimento. Com efeito, observando imagens ou representações gráficas associativas, os educandos poderão desenvolver o potencial da visualização criativa fazendo associações interessantes com os conteúdos. Exemplos de trabalho com representação gráfica são os mapas que se podem demandar: mapas mentais, principalmente porque são livres, mapas conceituais que resumem o conteúdo com suas conexões, constelações, pinturas, desenhos, mandalas. Enfim, do que dispuser a imaginação docente e discente. Além disso, deve-se ressaltar a importância que têm as figuras para uma aprendizagem mais sólida, a exposição verbal, quando acompanhada de imagens, gráficos, é muito mais bem-sucedida.

O trabalho com mandalas é também um recurso que alia o lúdico ao artístico. Costumamos trabalhar com mandalas nos cursos de formação de professores, aliando-as a diferentes conteúdos. Com materiais de várias formas, cores e texturas, solicitamos a construção de mandalas. Pode-se pedir aos alunos, nessas atividades, que ressignifiquem suas mandalas a partir de suas subjetividades, tentando trazer à tona: suas ideias, concepções, sobre o conteúdo trabalhado. Buscar representar na mandala os saberes que construíram na aula.

Na Didática Sensível, usamos outras linguagens artísticas, como a literatura, a partir de poemas ou letras de música. Contos, fábulas, pequenas histórias. Nesse caso, usamos a música também associando a letra à melodia. O teatro e a dança também estão muito presentes. No entanto, é comum nos depararmos com professores universitários que entendem ser impossível o trabalho didático que associe a arte ao conteúdo disciplinar específico. Criam, assim, uma espécie de redoma sobre seus campos disciplinares, tornando-os intransponíveis à contextualização e ao diálogo intercrítico e criativo com as dimensões do sensível e do lúdico. Dessa maneira concorrem para reificar seus conteúdos, tornando-os petrificados diante do olhar dos educandos. Concorrem para isolá-los como entidades abstratas e autônomas.

O uso das metáforas criativas anima a participação do grupo e aduz a um imbricamento profundo, orgânico com o conteúdo, com a aula enquanto fenômeno integrado. É o *sentipensar* em ação produzindo novas condutas na sala de aula. As metáforas são essenciais na Didática Sensível e conduzem à capacidade de imaginar e não somente assimilar conhecimentos.

Moraes e Torre (2004, p. 94) mencionam os ideogramas e a técnica da ideogramação criativa. Esta é uma "técnica analítico-sintética que se valendo da linguagem linear nos dá uma visão intuitiva, completa e orgânica das ideias de um amplo contexto que podem ir desde um parágrafo até uma obra ou teoria". Os autores chegam a citar Dina Glouberman (1999), quando afirmam que "tudo que criamos em nossa mente começa com uma imagem mental". Representações com as constelações também podem fazer um forte apelo às novas descobertas no campo da aprendizagem sensível.

Essencial à racionalização da vida e ao encantamento do mundo, é a partir da imaginação que desenvolvemos o pensar criativo.

## Experivivenciar

A experiência tem papel central na aprendizagem, o que chamo aqui de *experivivência*, tomando de empréstimo o conceito de Lopes (2016, p. 27):

> Experivivência *é uma aglutinação de duas palavras experiência e vivência cuja opção resulta da perspectiva adotada da ecologia do espírito humano [...], de onde emerge o sentido que se quer afirmar, a indivisibilidade das experiências e das vivências. Experiência, do latim* experientia *diz respeito ao uso que os falantes da língua portuguesa fazem da palavra experiência cujos significados são: ato ou efeito de experimentar; conhecimento pessoal de alguma coisa ou pessoa pelo uso prático ou trato; longa prática; soma de conhecimentos que faz que se pense, ajuíze ou proceda melhor, que leva a melhores resultados; observação; verificação; experimentação. Destaca-se no conjunto destes significados a noção de experiência como ação, como prática, como conhecimento subjetivo, como hábito. Neste sentido a experiência é algo que se experivivencia, diz respeito ao conjunto de saberes formados de crenças firmes, fundamentadas na prática experiencial, que é uma prática comunicacional, mantendo, por isso relações com a linguagem verbal.*

É na experiência sensível que a pessoa aduz seu conteúdo interno, suas influências externas e reorganiza o pensamento. É na experiência "que cada pessoa guarda todos os mundos, deles fala, deles diz, neles se expõe e recompõem na medida da sua interação e reflexão crítica sobre as *experivivências* que protagoniza" (LOPES, 2017, p. 5).

A *experivivência* é o que se vive e se apreende da prática comunicacional dos seres humanos entre si, e dos seres humanos com o entorno, e é essencial às novas aprendizagens. Aprendemos com os teóricos construtivistas que um novo conhecimento sempre se ancora em experiências pregressas, em esquemas de pensamento anteriores, construídos a partir da relação do ser humano com seu entorno. Então, essa variável é incontornável no processo de ensinar e aprender que se constitui a partir da experiência concreta e vivência de novos conteúdos, articulando-os.

No trabalho com a Didática Sensível, o ponto de partida na experiência refletida, na recontextualização da práxis, é central. Tomo como referência nesse particular, também, os teóricos da epistemologia da prática, nomeadamente Tardif (2002) e Gauthier *et al.* (1998). Para estes autores a experiência é o *locus* onde se produzem os saberes de uma profissão, notadamente da profissão docente. No caso da formação de professores e toda nossa experiência com os ateliês didáticos (projeto de formação contínua de docentes universitários desenvolvido na Universidade Federal da Bahia), essa prerrogativa é presente. Corroboramos Pimenta (2012), que ressignifica o conceito para *epistemologia da práxis*, considerando o valor da prática refletida, situada historicamente e ressignificada pelos educandos.

A experiência também necessita ser problematizada para ser compreendida. É necessário refletir sobre a própria experiência e sobre o que se aprende, de modo articulado. É preciso pô-la em dúvida. Indagar.

O aprender significativo, desde os construtivistas, implica em resolver problemas, criando soluções próprias. Para o criador das inteligências múltiplas, Gardner (1994), além de resolver problemas, ser inteligente significa ser capaz de criar projetos e/ou produtos. Este aspecto é plenamente alcançável em qualquer nível de ensino e as crianças e adolescentes são seres criativos por natureza. Os adultos já criaram anteparos, ou, diria que até mesmo a vida escolar já se incumbiu de criar os anteparos para a inteligência criadora. Como afirma Gardner (1994), todo ser inteligente é criativo; falar então de inteligência criativa é redundância.

Problematizar o conhecimento a partir da experiência pregressa do educando, aliando o saber previamente construído ao novo conhecimento – este expediente didático –, aguça o pensamento lógico, cria nexos, redes amplas de significados. Uma só pergunta já mobiliza o estudante na tentativa de respondê-la. Qual enigma, a problematização do conhecimento mobiliza o raciocínio lógico, diverte, e conduz cada sujeito à própria caminhada intelectual em direção a possíveis soluções postas.

A partir do conhecimento que possui o estudante, o docente deve ser capaz de provocar dúvidas ou desafios cognitivos individuais que deverão se transformar em controvérsias coletivas. A pergunta cria a intervenção educativa, nesse caso, não só fazer perguntas, mas gerar perguntas. Cada estudante nesse processo se torna mediador do conhecimento. Assim, deixamos de estabelecer uma relação unívoca com os alunos, de um professor para todos os alunos, e alcançamos uma relação plurívoca de mediação compartilhada de experiências, de conhecimentos que estão no ar e se ressignificando ao nível individual também (em uma relação todos-todos). Embora a aprendizagem seja um processo que se dá no indivíduo, internamente falando, ela é um fenômeno relacional. Esta é a lição de Vygotsky (1984): o processo de desenvolvimento cognitivo se dá antes no coletivo, no social, para depois ser internalizado pelo indivíduo consolidando as aprendizagens.

Portanto, para criar na sala de aula um clima propício às aprendizagens, que ultrapassam processos individuais de assimilação do conhecimento, é necessário possibilitar as condições para fazer brotar uma inteligência coletiva, ao fim e ao cabo. O sensível está presente nesse processo que não pode ser unicamente intelectual. Quando se trabalha a *experivivência* do conhecimento, trabalha-se o sensível e o inteligível em harmonia.

## Ressignificar

A ressignificação visa provocar o emergir de novas compreensões, a transformação do conhecimento que foi apropriado sob outros e novos pontos de vista. Pontos de vista com significados pessoais.

Ressignificar o conhecimento parte de um movimento de análise-síntese, de um estado de consciência focado para um estado de consciência ampliado, como diz Luckesi (2004). É preciso atribuir sentido ao que se está aprendendo e ao mesmo tempo – ou na sequência – isso não tem uma ordem exata, produzir sínteses, uma visão do todo e não somente das partes.

Nessa dança dialética entre a capacidade de analisar e sintetizar, a ancoragem do conhecimento novo em um conhecimento pregresso conduz a sua ressignificação. Para tal, considerar os conhecimentos prévios dos alunos é fundante, sua experiência é a força motriz para as novas aprendizagens. Os estudantes necessitam relacionar o conhecimento anterior ao conhecimento novo a fim de produzir uma representação pessoal do conhecimento, dando-lhe sentido.

Quando chegam à escola ou à universidade, os estudantes são pessoas plenas de valores, histórias de vida, saberes. Este cabedal construído ao longo da vida, desde a mais tenra idade, precisa ser reconhecido para ser ressignificado. Vygotsky (1984) chama de zona de desenvolvimento potencial o conceito que explica o espaço compreendido entre o que o estudante já sabe (zona real de desenvolvimento) e o que ele pode vir a saber (zona de desenvolvimento potencial ou proximal). Cabendo aos docentes criar pontos de ancoragens entre as duas zonas de desenvolvimento, despertando o interesse dos educandos em saber mais.

Para Vygotsky (1984), significa criar zonas de desenvolvimento potencial (ZDP) a partir do reconhecimento da zona de desenvolvimento real (ZDR) dos estudantes – um conceito caro à Pedagogia e ao trabalho didático. A ZDR significa, para Vygotsky, o nível de desenvolvimento efetivo que possui o sujeito – são seus esquemas reais de conhecimento, os pré-requisitos que o sujeito possui para aprender um novo conhecimento. E ZDP significa o nível de desenvolvimento potencial que o educando pode atingir, aquilo que o sujeito é capaz de aprender com ajuda de outrem, no caso, com a ajuda dos professores. Estendemos esse conceito às várias áreas do saber e às linguagens artísticas. Nessa visão interacionista de aprendizagem, assume-se que os alunos aprendem na medida em que são capazes de construir significados adequados em torno dos conteúdos a serem aprendidos. Tal processo inclui a participação ativa do aluno, sua disponibilidade e conhecimentos prévios. Os professores deverão, pois, incidir sobre estas duas zonas, buscando que se efetue uma transformação entre aquilo que os educandos já possuíam como saberes, para aquele ponto em que eles apreendem o novo conhecimento, em diferentes áreas do saber. O aprender, adotando-se essa prerrogativa, é como uma dança em movimento não linear, mas pleno de idas e vindas, com tendência a fluir *ad infinitum*.

Como, na Didática Sensível, trabalhar este conceito sociointeracionista? É importante o olhar da síntese, a apreensão global. A dimensão sensível da aprendizagem não acontece em separado da dimensão cognitiva. O importante aqui é a mediação docente. Cabe aos professores, condutores da coreografia didática, mediar a aprendizagem a partir de métodos criativos, participativos que visem a apreensão dos objetos de conhecimento em uma perspectiva global, que passe pela experiência sensorial estésica, estética, lúdica.

## CRIAR

O verbo criar tem suas raízes no latim *creare*. Significa 'fazer existir' ou 'gerar'. A criatividade não decorre apenas de fatores intrapsíquicos, de natureza cognitiva ou relativa à personalidade e motivação, mas também sofre influência marcante de fatores ambientais e sociais. Assim sendo, o meio sociocultural é determinante: valores familiares, *habitus* e o contexto educacional são fatores fortes a influenciar o potencial criador. Este é um conceito polissêmico para o qual não existe uma única definição.

A esfera da criação é incomensurável e é um desafio explicá-lo como o ápice do trabalho didático sensível. O trabalho didático foi tão historicamente padronizado em normativas que se torna difícil imaginar uma sala de aula criativa. Com esse princípio/momento, inauguramos o ápice do processo de aprendizagem e ensino.

Essa etapa visa estimular e permitir o emergir de novas compreensões e condutas e criação autoral de um pensamento próprio, autônomo: um conceito, uma teoria, um processo ou um produto. A criação no ato didático pedagógico são construções autônomas, plenas de autoria, só realizáveis em contextos em que haja entrega ao processo e trabalho intenso pelos discentes e docentes. Dir-se-ia que no contexto artístico, as criações seriam composições (no campo da música), coreografias (na linguagem da dança), uma peça de teatro (na linguagem teatral), uma escultura ou um quadro (nas artes visuais). Na educação em sala de aula, as criações são teorias ressignificadas, conceitos importantes, teses, ou produtos como projetos, planos. Podem ser também elaborações técnicas, como a criação de um procedimento, ou a construção de um produto próprio, como *softwares*, *sites*, vídeos, jogos, técnicas diversas, ou mesmo produções artísticas.

Interessante mencionar a ideia da ressignificação, pois a criação não é originária de um vazio, mas de um conhecimento preexistente. Assim, Kneller (1987, p. 16) assinala: "a novidade criadora emerge em grande parte do remanejo do conhecimento existente – remanejo que é, no fundo, acréscimo ao conhecimento". O autor continua (1997, p. 17), trazendo o exemplo das metáforas para explicar este "remanejamento" do conhecimento:

> *Familiar é o caso da metáfora. Se digo que um avião queima como uma adaga no céu do meio-dia, estou relacionando três ideias, em geral não associadas de aeroplano, adaga e queimar. Tanto quanto sei a imagem é original. Por outro lado, a descoberta de uma imagem ainda que corriqueira por uma criança não deixa de ser criativa. O jovem que escreve "As colinas dormem sob o sol quente" faz uma conexão entre colinas e sono que é nova para ele embora pareça banal aos outros.*

Em Didática são muitos os momentos que concebemos para a etapa da criação/recriação: desde os resultados de pesquisa (suas conclusões argumentativas) à elaboração de planos de ensino, são muitos os produtos que possibilitam a criação ou recriação: vídeos, jogos, técnicas de ensino. Em variados cursos de graduação e pós-graduação que vimos ministrando, ampliamos nosso repertório na criação de outros processos e produtos do trabalho pedagógico com mediação das tecnologias digitais: as pesquisas são filmadas com celulares *smartphone* e iPhones, são concebidas apresentações animadas e postadas no YouTube, e as construções de *blog* têm sido substituídas pelas redes sociais. Dentre outras atividades e usos de interfaces disponíveis na internet.

Não é a novidade que designa um ato criador, mas a sua relevância. Para Kneller (1987, p. 19), a relevância constitui fator fundamental para o ato criador, tal como uma resposta a um problema, uma resolução que clareia dada situação. Assim como é absolutamente esperado que a criação traga em si um tanto de imitação, havendo, pois, uma relação proporcional entre a criação e algum modelo proposto. Isso não implica cópia, mas recriação. O que move o pensamento criador é a inquietude e a capacidade da imaginação (KNELLER, 1987).

A criatividade não se limita às artes, ao contrário do que pensam muitos professores e intelectuais. Aliás, o trabalho intelectual pode ser altamente criativo; exemplo disso é a escrita criativa, que pode ser literária ou não. Um cientista normalmente é um ser criativo. "Do mesmo modo que um escritor transforma suas experiências da cena humana em novela ou peça teatral, o cientista verifica e aprofunda os dados que adquirir a fim de produzir uma nova teoria" (KNELLER, 1987, p. 25).

A imaginação é categoria importante no pensar criativo, assim como a intuição. Exemplo concreto provém do maior cientista do século XX, Albert Einstein, já mencionado neste trabalho como um ser altamente intuitivo. O cientista sente também a ideia antes mesmo de compreendê--la (ou tudo junto). Sendo assim, como ensinar, apenas repetindo modelos teóricos? Há de se prover a sala de aula de exercícios de contemplação, imaginação, criação a fim de permitir que o pensamento criador possa emergir e subsidiar as atitudes perante o aprender.

Em nível de graduação e pós-graduação, no trabalho com adultos, é possível trazermos à tona os momentos de criação autônoma do conhecimento; isso se concretiza no desenvolvimento de pesquisas, de projetos em que os estudantes tenham que elaborar alguma estratégia própria ou produto; é possível também em aulas, em uma escala mais modesta, nas quais sejam conclamados a resolverem problemas e a ressignificarem conceitos. Na pós-graduação, o momento ápice é a descoberta de uma tese na escrita de suas monografias.

Enfim, os professores, nessa perspectiva, não podem se contentar com a reprodução do conhecimento, faz-se muito importante o trabalho com a ressignificação e construção do novo, mesmo que assentado sobre as bases de conhecimentos e saberes pregressos.

Kneller (1987, p. 26) assinala capacidades conclamadas pela criatividade, como "a capacidade de mudar a maneira pela qual cada pessoa aborda um problema, de produzir ideias relevantes e ao mesmo tempo inusitadas, de ver além da situação imediata e redefinir um problema ou algum aspecto dele". A criatividade está presente, pois, nas mais prosaicas atividades do cotidiano, como cozinhar, falar, comunicar-se, habitar. Ensinar e aprender podem ser ações extremamente ricas em criatividade; todos podem ser criativos, o problema é ter espaço para expandir a consciência e o trabalho criador. A escola, de modo geral, não tem sido este espaço, tampouco, a academia.

Cremos que é importante mencionar que este assunto tem sido alvo de investigação de muitas áreas de conhecimento, como a Filosofia, a Psicologia, a Pedagogia e, mais recentemente, as Neurociências. Não obstante, a criatividade jamais poderá ser compreendida inteiramente a partir dos tratados científicos preditivos, que preveem causas e consequências, pois ela encerra em si algo de muito peculiar e próprio do mistério do existir – a maneira singular como cada um poderá intuir, imaginar, operar com os símbolos e seus significados na inexplicável trama da existência humana. E, nesse particular, concluímos com Kneller (1987, p. 29-30) quando assevera:

> *É claro que temos de esforçar-nos para abarcar nosso assunto cientificamente – mas nesse caso é puramente heurístico admitir a onicompetência da ciência. As abordagens científicas e intuitivas têm de completar-se mutuamente, não apenas agora quando a ciência da criatividade está ainda na infância, mas permanentemente. Proscrever uma delas será dogmatismo alheio ao sadio espírito de ambas.*

Enfim, vimos gestando a Didática Sensível em anos de prática de ensino com a esperança de podermos diminuir o insustentável fosso que separa o pensar puramente racional do pensar sensivelmente os objetos de conhecimento.

## 5. Síntese provisória

A Didática Sensível objetiva um trabalho pelo e para o desenvolvimento de pessoas sensíveis, inteligentes, criativas, empoderadas intelectualmente, com sensibilidade social e senso crítico. O *modus operandi* da Didática Sensível, regido pelos princípios explicitados, não obedece à ordem rígida. Com isso, queremos dizer que, ao trabalharmos o sentir, as sensações, com ênfase na corporeidade dos sujeitos e de suas emoções, estaremos trabalhando as metáforas criativas que despertem a imaginação. Ao vivenciarmos um conteúdo mediante as linguagens artísticas ou lúdicas, por exemplo, já estaremos trabalhando com as problematizações que estimulam o pensar lógico. Assim como, ao possibilitarmos que os estudantes ressignifiquem conhecimentos, estaremos abrindo oportunidades para sua reconstrução e construção de um novo olhar sobre o real.

É importante compreender que, ao adaptar a Didática Sensível à ação docente, é necessário reconhecer a indissociabilidade entre inteligibilidade e sensibilidade, o que envolve a corporeidade. Não significa cair na irracionalidade vazia ou na carnavalização do ensino, mas compreender o desenvolvimento intelectual associado à sensibilidade social, à compreensão do conhecimento em uma perspectiva do que é vivencial. Vital provém de vida. A opção por métodos vivenciais e atentos às prerrogativas do humano na sua inteireza, com toda sua capacidade intelectual crítica, e vivacidade sensível, deve estar fundamentada na verdade interna de cada um.

# IV

# A experiência dos ateliês didáticos na pesquisa-formação com docentes universitários

Parte deste capítulo foi publicada sob a forma de artigo intitulado "Razão e sensibilidade na docência universitária". *Em aberto*, Brasília, DF, v. 29, n. 97, p. 103-118, set./dez. 2016.

*"A pedagogia é a ciência que tem esse papel: estudar a práxis educativa com vistas a equipar os sujeitos, profissionais da educação, dentre os quais o professor, para promover as condições de uma educação humanizadora."*
(Selma Garrido Pimenta)

## 1. Introdução

A Pedagogia Raciovitalista é uma abordagem que traz para dentro a experiência vivida, com as suas outras linguagens que não apenas a que advém da ciência racional instrumental. Há que haver espaço para o conhecimento comum, a arte, os mitos, outros saberes, sobretudo os saberes dos quais são portadores, os estudantes, suas cosmovisões. São as duas pontas do novelo que pretendemos encontrar a partir deste trabalho: a linha do pensamento racional e a linha do pensar-sentir estésico e estético, tomando como lastro o raciovitalismo de Michel Maffesoli, na compreensão da realidade social/educacional e a Teoria da Complexidade de Edgar Morin, para a construção de uma Didática Sensível. Uma linha de trabalho que, de alguma maneira, se contraponha à crise da insensibilidade (anestesia) que acomete o ensino universitário atualmente, marcadamente academicista, referenciado nas figuras dos professores e no modelo conteudista-transmissional.

Sem pretender generalizar, podemos afirmar, pela experiência que temos em cursos de formação continuada para professores universitários, assim como mediante pesquisa realizada com alunos de cursos de licenciatura, que grande parte das aulas que observamos e das quais obtivemos informações mediante pesquisa são ministradas como se fossem palestras, nas quais o foco está nos professores que acreditam ser os transferidores de conhecimentos.

Nessa pesquisa apresentada, pretendemos conhecer e compreender a experiência docente em um curso de graduação na área da Saúde e, nele, perscrutar como os professores mobilizam seus saberes profissionais, pedagógicos e didáticos, e qual o espaço oportunizado para o saber sensível, de natureza lúdica e estética em suas práticas.

Adotamos a abordagem fenomenológica a partir de estudos de Maffesoli (2005). No seio da sua abordagem sobre a fenomenologia, o autor distingue sua teoria – o raciovitalismo –, sustentada por uma razão vital, a qual permite o conhecimento sensível do fenômeno ligado ao movimento, ao que pode ser vivido, ao que é estático e dinâmico ao mesmo tempo. Para o referido autor (2005), pensar o fenômeno a ser investigado é pensar a presença e a ausência das coisas – é estudar a vivência humana.

A razão de ter feito essa opção nesta pesquisa não poderia ter sido outra – apreender a compreensão dos professores universitários acerca da própria formação, da Pedagogia, dos saberes, buscando identificar qual o espaço concedido ao saber sensível nas formas de tratar didaticamente os objetos de conhecimento em relação aos sujeitos da aprendizagem, a partir de um trabalho vivencial.

O fenômeno é o que aparece em relação ao que existe de essencial. Mas o que fazemos nós, pesquisadores, é enunciar a apresentação de partes, aspectos, perfis, relacionando essas partes com o todo que vislumbramos. Há aí uma inter-relação entre consciência e realidade – uma experiência consciente e sensível de compreensão do real em suas mais diversas partes. Nessa perspectiva, estudar um fenômeno é apreender o que se mostra à nossa interpretação. Para Maffesoli (2005), "cada coisa é a sua interpretação".

Buscamos, com este estudo, construir uma interpretação com base na razão sensível. Uma razão articulada às coisas da vida, por isso se trata de adotar uma posição de pesquisador orgânico, que não busca conhecer o real de fora, mas estar imerso no universo da pesquisa com razão e sensibilidade. Com o espírito e a corporeidade. Procuramos, ainda, uma descrição do real observado em sua dinâmica, uma descrição sensível ou, nas palavras de Maffesoli (2005), um conhecimento erótico das coisas. Para tal fim, atentamo-nos, estrategicamente, a duas estruturas fundamentais ao ato de conhecer presentes na Teoria Raciovitalista:

a) A **intuição** como um tipo de saber recuperado das partículas do inconsciente coletivo. São saberes presentes nos mitos, nas religiões, nos arquétipos. O pesquisador, tal como um farejador social, deverá captar o que está presente ali. (Este é um tipo de conhecimento orgânico, são antecipações empíricas. O que sentimos, o que vemos primeiro, o que intuímos do real, e isso acontece também com o conhecimento científico.)

b) A **metáfora** como a única forma de conhecimento capaz de chegar à profundidade do que sentimos. A forma como representamos o que sentimos e o que pensamos. Para se chegar à descrição, necessitamos da metáfora que está em todas as linguagens – na forma e expressão das pessoas. Não só por meio de palavras, mas da imagem presente no corpo individual e social, pois este é o instrumento que transporta a emoção coletiva e o prazer dos sentidos.

O estudo foi realizado com dezoito professores da área das Ciências da Saúde que participaram de três ateliês didáticos que oferecemos a partir de temáticas do interesse dos professores:

1. Planejamento do processo ensino e aprendizagem.

2. Mediação didática e metodologias criativas.

3. Avaliação da aprendizagem.

4. Saberes didáticos e saber sensível.

Nosso objetivo estava em compreender como saberes pedagógicos eram reconhecidos pelos docentes colaboradores e o espaço destinado ao saber sensível em suas práticas pedagógicas.

## 2. A experiência dos ateliês didáticos na pesquisa

O indivíduo é um ser social singular, e essa sua singularidade é atravessada pelas dimensões social e cultural. O importante, então, em uma pesquisa desse porte e sobre tal objeto (formação de professores universitários em uma abordagem sensível complexa), é compreender como o sujeito se forma a partir do próprio *sentipensar* sobre o agir na ação e pela ação de formar-se (MORAES; TORRE, 2004). Nesse sentido, os objetivos do ateliê didático foram assim pensados:

a) Mobilizar conteúdos, saberes pedagógicos e sensíveis percebidos pelos colaboradores em atividades práticas dos ateliês.

b) Fazer uso desses saberes em situações didáticas criativas (servindo-se de metáforas lúdicas) nas quais razão e sensibilidade estivessem em interação.

Tivemos como inspiração o trabalho de Delory-Momberger (2014), professora da Universidade Paris 13 (Sorbonne), em Paris. Em seu livro sobre pesquisa biográfica, a autora apresenta um quadro geral no qual precisa o projeto epistemológico e metodológico de tal abordagem, conferindo-lhe legitimidade. Explica a autora que esse tipo de pesquisa se inscreve no campo da antropologia social, cujo objetivo é o da constituição do indivíduo, ou, em outras palavras: como os indivíduos tornam-se indivíduos. Destaca, pois, o processo de individuação nesse tipo de trabalho. No campo profissional, especificamente da formação de professores, o processo de construção identitária ganha relevância nessa abordagem. A grande questão é apreender como os indivíduos, em suas relações com a experiência vivida, com os outros, consigo próprio e com o ambiente, representam suas experiências a partir de um discurso narrativo.

Segundo Delory-Momberger (2014, p. 74), "o objeto da pesquisa biográfica é de explorar os processos de gênese e do devir dos indivíduos no seio do espaço social, e de mostrar como eles dão forma às suas experiências, como eles significam as situações e os eventos de sua existência".

A atividade biográfica é transformadora e regeneradora, quando o indivíduo fala de si, em seu discurso narrativo direto (ele é a primeira pessoa desse discurso), reconstrói a história vivida em um processo dialético de reconstrução de si a partir da reflexão sobre a experiência. A palavra escrita ganha outro estatuto em relação à oral. Com a palavra escrita o indivíduo, autor, fala de si, reconstruindo o vivido, reconsiderando suas ações. As histórias de vida, as pequenas ou grandes biografias provêm de uma atitude mental, de uma forma de compreensão e de reestruturação da experiência. Como considera Delory-Momberger (2014, p. 76): "a biografia designa, não exatamente a realidade factual, mas o campo de representações e de construções segundo as quais os seres humanos percebem sua existência". Segundo a autora (2014, p. 76), o indivíduo humano vive cada instante de sua vida como o momento de uma história, de sua história que pode ser contada configurando-se um espaço-tempo determinado (história de um dia, de um instante, história de uma vida).

Neste trabalho, por reconhecer a importância do discurso narrativo (a maneira mais direta possível de apresentar a relação do sujeito com a dimensão temporal da existência e da experiência humana), recorremos à vivência dos ateliês – a intervenção didática própria da pesquisa-formação – e às histórias de vida tomando como referente concreto o próprio ateliê e os discursos dos professores sobre suas experiências como docentes (como começou sua trajetória profissional, como se desenrolou a aprendizagem da docência).

Delory-Momberger (2014, p. 171) explicita em seu trabalho uma abordagem de formação-orientação mediante um dispositivo a que chamou de ateliê biográfico de projeto. Esse tipo de ateliê tem como objetivo: "criar condições concretas que permitam a cada participante construir e se apropriar da história de sua trajetória de formação e de fazer emergir a partir dessa biografia formativa um projeto profissional". Descreve em seis etapas como se constituem os ateliês: a primeira etapa seria informativa sobre a abordagem (dar a conhecer os objetivos do trabalho, sua natureza e andamento); a segunda corresponde à elaboração, à negociação coletiva do contrato biográfico (oral ou escrito); a terceira e quarta etapas seriam consagradas à produção das escritas autobiográficas e a sua socialização. Em um trabalho exploratório progressivo e mediante uso de dispositivos ou recursos diversificados. A quinta etapa é de socialização das escritas autobiográficas, em que os autores aprendem entre si a partir das experiências narradas (mediante uma metodologia coletiva de reescrita); e a última, a etapa da síntese pela qual "o projeto pessoal de cada um é coexplorado, detalhado e nomeado" (Delory-Momberger, 2014, p. 171). Sendo reconstruído e nomeado, ganha outro estatuto, um estatuto de projeto que será, em reunião coletiva, socializado entre todos.

Nossos ateliês didáticos formativos não tiveram tais características, somente em parte, pois não assumimos as histórias de vida como método de pesquisa, mas como dispositivo inserido na dinâmica de pesquisa-formação (os professores foram convidados a escrever suas biografias a partir do processo de formação sensível nos ateliês). Esses locais constituem um espaço de formação, mediante uma intervenção fundamentada na Didática Sensível. Assumimos os princípios e coreografia da Didática Sensível na produção dos ateliês:

a) **Sentir:** possibilitar o escutar, ver, tocar, cheirar, sentir o gosto das coisas.

b) **Intuir:** possibilitar a compreensão gestáltica pelas antecipações empíricas.

c) **Metaforizar/imaginar:** a partir de metáforas criativas soltar as amarras do pensamento rígido e imaginar.

d) **Experivivenciar:** a partir de situações problematizadas, construídas, vivenciar a experiência com o saber.

e) **Ressignificar:** emitir um significado pessoal aos objetos de conhecimento.

f) **Criar:** estimular e permitir o emergir de novas compreensões, construção do novo conhecimento.

Com base nesses princípios, montamos os planos de intervenção didática a partir dos temas discutidos em comum acordo com os professores e partimos para a ação.

## 3. A descritiva dos ateliês em si

Nosso primeiro ateliê no instituto começou na manhã de 13 de abril de 2015. A princípio, fiquei extremamente surpresa e maravilhada com a acolhida e a receptividade dos professores. Estavam ávidos pelo ateliê, demonstrando abertura para as novas aprendizagens. Demos início à sessão fazendo nossas apresentações a partir da dinâmica da teia (em círculo, lançamos novelos de linhas coloridas aos colegas para que os mesmos se apresentassem e falassem sobre suas expectativas diante do ateliê. Em seguida com linhas de outras cores, os professores falaram de seus dilemas e necessidades didático-pedagógicas). Ao final, tínhamos uma rede imbricada entre os dezoito participantes, dando uma ideia de união, de interligamento, de integração.

Após este momento, os participantes sentaram-se em semicírculo e procederam à leitura do texto "A arte de produzir fome", de

> ALVES, Rubem. A arte de produzir fome. *Folha Online*, São Paulo, 2002. Seção Sinapse Online. Disponível em: https://www1.folha.uol.com.br/folha/sinapse/ult1063u146.shtml. Acesso em: 13 jul. 2021.

Rubem Alves. Esse texto foi disparador do debate sobre "nossa docência" que deu sequência à atividade. Meu papel naquele momento era o de mediar as discussões. Uma discussão enriquecedora e sem-fim, ávidos todos por enunciar suas posições, discutir suas experiências, "botar pra fora" seus sentimentos e sentidos.

No ateliê, a escuta sensível é primordial, ouvir os professores e ressignificar com eles os sentidos, as concepções que possuíam sobre o ensinar e o aprender representaram uma importante tarefa. E a grande lição daquela manhã e que me pareceu bem acalentada por todos foi a ressignificação do conceito de ensino (antes visto) como transmissão de conteúdos para o conceito de mediação de conhecimentos, valores e atitudes. Por detrás a ideia de que não basta "passar" conteúdos, há que se problematizar obtendo-se mais perguntas e inquietações do que trazendo respostas prévias ao que antes não havia sido perguntado. Entendemos, assim, que o desejo é a alavanca segundo a qual se podem ancorar conhecimentos, habilidades e valores pertinentes a cada área de conhecimento. E que o papel dos professores, nesse cenário, é o de mediadores, o de provocadores, o de problematizadores, sem se destituir do papel de coordenadores do processo de ensino e aprendizagem. Outro conhecimento que ficou claro para os professores foi o de que o trabalho docente parte e se desenvolve a partir de saberes que precisam ser estudados, pesquisados e valorizados no exercício cotidiano de ser professores. Assim, a valorização desses saberes passou a assumir um espaço naquela sala de aula. Mais ainda, entre os saberes didáticos e pedagógicos fundamentais, há o saber sensível (MAFFESOLI, 2005). Essa foi a palavra-chave deixada para o ateliê subsequente.

Com efeito, demos início ao segundo ateliê: "Saber sensível e metodologias inovadoras", em 4 de maio de 2015. Estavam presentes dezoito professores. Seu começo foi inusitado. Chegamos à sala de aula com violão, violonista e a mim mesma no papel de cantora. Distribuí a letra da música que iria executar. Em seguida, comecei a entoar a melodia da canção *Metáfora*, de Gilberto Gil, e a cantá-la. À medida que ia cantando e me emocionando com a música, eu ia convidando os professores para cantarem comigo. Uma, duas vezes. Na terceira vez, es-

> METÁFORA. Intérprete: Gilberto Gil. Compositor: Gilberto Gil. *In*: *Um Banda Um*. Intérprete: Gilberto Gil. Rio de Janeiro: WEA Discos, 1982. 1 CD, faixa 3.

távamos em pé, andando pela sala, cantando, dançando ao som dessa música. Essa canção nos fala de perto do sentido metafórico que empregamos em nossa intervenção pedagógico-didática enraizada no raciovitalismo (MAFFESOLI, 2005), a Didática Sensível. Com uma letra inteligente e desafiadora, a canção sugere a metáfora como uma linguagem do poeta, um conteúdo sensível, aquele que não pode ser reduzido à pura racionalização. É preciso, antes de tudo, sentir.

Com essa metáfora, partimos para o trabalho pedagógico a partir do tema: "Metodologias inovadoras e saber sensível na prática de professores universitários". Demos início à exposição participativa com interlocução dos professores que se descobriram na discussão da teoria como mediadores de saberes em suas práticas – o que sugere, para além da mudança de paradigma, uma mudança nas práticas de ensino. De "transmissores de conhecimento" para "mediadores de conhecimentos e saberes" há muita diferença. Agora seu papel não seria mais de chegar à sala de aula e praticamente palestrar para os alunos. A postura seria, inicialmente, provocadora. E, de preferência, sensível. Não só uma provocação cognitiva, mas uma provocação que conseguisse aliar o saber inteligível ao saber sensível, o pensar ao sentir. E isso podia e pode ser feito a partir da linguagem artística.

Escolhemos, naquele dia, a música. Discutimos técnicas pedagógicas a partir de um cardápio pedagógico disponibilizado por mim. A partir dele, os professores foram convidados a recriar as técnicas envolvidas na introdução de uma aula, no seu desenvolvimento e conclusão. Os professores reinventaram suas técnicas e apresentaram-nas sob a forma de dramatização na sala. Discutimos em seguida e avaliamos os resultados.

> A FESTA de Babette.
> Direção: Gabriel Axel.
> Produção: Just Betzer e Bo Christensen. Intérpretes: Stéphane Audran; Birgitte Federspiel; Bodil Kjer; Jean-Philippe Lafont; Bibi Andersson e outros.
> Roteiro: Gabriel Axel e Karen Blixen (livro). Música: Per Nørgaard. Dinamarca: Danish Film Institute, 1987. 102 min. Color.

Trabalhamos com várias metáforas, do início ao fim da sessão: poesia, um filme, *A festa de Babette*, dramatizações e outros meios criativos de produção de significados na aula. Realizamos também uma exposição, com auxílio do PowerPoint, sobre metodologias inovadoras no ensino.

Ao final da sessão, pudemos concluir que os professores produziram uma rede de significados a partir do exposto e do conhecimento vivenciado. Pode-se inferir sobre isso a partir em seus relatos, quando perguntados se os ateliês provocaram alguma mudança de atitude em seus perfis didáticos.

O terceiro ateliê ocorreu em 1º de junho de 2015, na iminência de uma greve dos docentes universitários que haveria de durar 120 dias. Por força da movimentação na universidade não tivemos a adesão desejada neste dia. Tivemos a presença de nove professores e discutimos o tema da avaliação a partir das suas vivências. Planejei uma exposição, em seguida de seus relatos de experiência, sobre a prática de portfólios criativos. E trocamos experiências, com portfólios artísticos e com seus ricos relatos. Surpreendeu-me suas práticas amadurecidas no tocante à apresentação desses portfólios.

Os ateliês didáticos tiveram e têm ainda um peso significativo na quebra de paradigmas e na ressignificação de conceitos de práticas pedagógicas. Vivemos isso na realidade desta experiência. E isso pudemos constatar a partir dos relatos dos professores nas suas escritas autobiográficas.

## 4. As escritas autobiográficas

Na produção dos escritos autobiográficos, dos dezoito professores participantes da pesquisa, seis efetivamente realizaram a atividade. Esta escrita foi dividida em duas partes: uma primeira em que os professores foram convidados a narrar histórias de aprendizagem da docência de cada um, remetendo a algum trabalho voltado para o saber sensível. E uma segunda, em que os professores foram convidados a narrar vivência ou abertura à experiência pedagógica sensível. A consigna foi entregue e os professores enviaram seus escritos via *e-mail* (à exceção de uma professora que entregou pessoalmente seu material):

Assumi, como método para análise dos dados, a análise de conteúdo, apoiada sobre a obra de Laurence Bardin (2011). Em seu livro, esse autor explora o método e as técnicas advindas da análise de conteúdo, compreendendo no processo analítico as fases de:

a) Pré-análise.

b) Exploração do material.

c) Tratamento dos resultados.

d) Inferência.

e) Interpretação.

A primeira fase, a pré-análise, corresponde ao primeiro momento intuitivo em que o pesquisador começa a sistematizar as ideias centrais e montar um esquema ou plano de análise. Nessa fase, e após leitura flutuante dos dados, passei à análise das escritas mediante a codificação das informações, agregando-as em unidades com base em recortes, e após procedemos à categorização:

a) Docência no Ensino Superior: as memórias dos professores.

b) Prática pedagógica.

c) Saber sensível.

d) Vivência nos ateliês.

Diferentemente da contagem frequencial, típica das análises quantitativas, na análise de conteúdo recorremos a indicadores não frequenciais e suscetíveis de permitir inferências (a presença ou ausência pode se constituir em índice a ser analisado). O contexto adquire grande importância nessas análises, pois se está lidando com elementos isolados, as condições de produção das escritas, por exemplo, após o trabalho com ateliês formativos são um elemento importante a ser considerado no processo de análise, nesse caso. A análise qualitativa é maleável e permite a realização de inferências que são interpretações centradas sobre determinados fenômenos. A quantificação pode se fazer presente, no conjunto, como fez neste estudo, mas os resultados encontrados não são retidos de maneira exclusivamente frequencial. Se alguma resposta merece destaque no conjunto de respostas dos professores, de acordo com o objetivo que perseguimos com o trabalho ela será levada em conta. Então o que caracteriza a análise de conteúdo é a inferência. É fato "de a inferência – sempre que é realizada – ser fundada na presença do índice (tema, palavra, personagem, entre outros), e não na frequência de sua aparição, em cada comunicação pessoal" (BARDIN, 2011, p. 146).

A partir da primeira categoria, "Docência no ensino superior: as memórias dos professores", apresento o relato da professora Estrela Dalva (ED), que faz emergir um modelo de docência vivido no passado de caráter academicista e bastante rígido: "Professores, no meu tempo de estudante, costumavam ser sisudos e com frequência um pouco arrogantes" (ED). Ela chama a atenção para uma posição docente autorreferenciada e centralizada no ensino, permitindo pouca interlocução. É o que afirma: "Tínhamos receio de fazer perguntas tolas, e somente aqueles poucos que dominavam a temática com alguma maestria se sentiam à vontade para a participação".

Em sua prática pedagógica, ED chama-nos a atenção para a importante relação entre ensino e pesquisa. Não cremos que seja por coincidência, mas por força da própria formação, os demais professores se reportaram também a essa relação. Imputamos como necessária tal vinculação, pois, a partir daí, pode-se pensar em aulas mais vivas, mais significativas (fazendo valer a ideia do raciovitalismo e, ainda, de uma

> Os professores mantiveram suas identidades no anonimato, portanto adotamos aqui pseudônimos.

Didática Sensível defendida neste trabalho. Um trabalho raciovitalista deve estar inspirado na experiência e não há outro dispositivo didático mais apropriado que a pesquisa para tornar o conteúdo disciplinar vivo):

> *Docência e pesquisa não devem se dissociar, sendo salutar o intercâmbio entre pesquisa e sala de aula de graduação. O saber elaborado presente na universidade caracteriza uma autoridade de conhecimento e deve ser exercido sem autoritarismo no processo de mediação promovido pelo docente.*

Desde cedo, a professora sentia-se identificada com a profissão:

> *Desde muito cedo senti que a sala de aula seria um lugar de trabalho para mim; tenho muita simpatia por aqueles que procuram conhecer alguma coisa, e me agrada este lugar, que antes eu entendia como transmissão de conhecimento, e nesta incursão na pedagogia assimilei a mediação.*

Nesse momento, ela se reportou à imersão nos ateliês e à transformação no seu modo de conceber o ensino – antes como meio de transmissão do conteúdo e, nesse momento, como processo de mediação de conhecimentos. Remete também à empatia com a profissão docente e o gosto, fundamental à profissão, pelo inter-relacionamento com sujeitos da aprendizagem.

Continuando a leitura de seu discurso, podem-se perceber as mudanças na sua conduta pedagógica:

> *Acho muito bom poder sorrir e brincar na trajetória do ensino-aprendizagem sem perder a qualidade da relação, onde a disciplina tem o seu lugar. Gosto de receber a juventude e procurar conhecer suas preocupações. Gosto do exercício da negociação, algo bem contemporâneo, pois, pessoalmente, não me recordo desta palavra no repertório docente de sala de aula no século XX.*

Refere-se à questão da negociação e do brincar na sala de aula, sem perder, entretanto, o lugar de professora, de coordenadora do processo de ensino e aprendizagem. Nesse sentido, a professora ED revela uma abertura para o trabalho pedagógico lúdico em que professores e alunos podem negociar, linguajar, aprender com prazer e com disciplina.

> *Ensinar exige complemento – o que, para quem –, enquanto o aprender contém elementos da imponderabilidade, dado que cada sujeito recebe e processa conteúdos e experiências de modo particular. Aprender é transformar criando um novo sentido. Ter clareza de que ensinar é diferente de passar informação, pois ao estabelecer relações ente aluno e objeto de conhecimento viabiliza-se a mediação. Ao ativar a relação do sujeito com este objeto de conhecimento pela mediação didática, emprega-se a linguagem enquanto mediação cultural. É desejável o emprego da linguagem artística e estética na produção de uma ambiência própria que favoreça um encantamento, supostamente presente na atitude docente. Na tarefa de preparação dos sujeitos a que ensinamos o saber profissional, cabe incluir o pensar sobre o mundo, avançando a noção utilitária de conhecimento ao agregar dimensões tangíveis e intangíveis necessárias ao desenvolvimento do aluno.*

Para o professor Felizardo (F.), sua inserção na docência é recente e está fundamentada na pesquisa:

> *A minha trajetória está baseada na pesquisa e extensão. Então estou aprendendo a ser professor neste momento. Os meus modelos até este momento tinham sido as minhas experiências como estudante e a contemplação das aulas dos colegas (que frequento para observar e aprender). Nas minhas práticas tento sempre estabelecer um vínculo com os alunos especialmente através de exemplos do seu cotidiano ou assuntos do seu interesse (que exploro nas primeiras aulas). Não tinha até o momento reservado um tempo à corporeidade, à imaginação, à sensibilidade e à criatividade. Após o atelier, começo a pensar sobre como incluir estes componentes.*

Felizardo (ou F.) é exemplo de como os professores universitários adentram na profissão com a experiência pregressa como pesquisador. A aprendizagem da docência universitária ocorre, genericamente falando, de modo artesanal e por observação de modelos (do passado como estudante e de colegas na atualidade). Após o ateliê, o professor referiu um novo aprendizado aberto ao saber sensível, à imaginação e à criatividade. Percebi, assim, que a Didática Sensível, que deu ânimo aos ateliês, produziu seus efeitos nas reflexões dos professores que demonstram abertura ao sensível e ao lúdico.

A professora Simpatia (S.) remete, nas suas escritas, o lugar da docência ancorada na sua formação inicial como bacharel em Nutrição, mas a sua inserção "acidental" como docente no Ensino Fundamental:

> Minha trajetória de formação na docência universitária iniciou ainda na graduação. Como estudante do curso de Nutrição, tornei-me professora de química e física para o Ensino Fundamental em uma escola estadual no centro de Salvador ao substituir um professor que necessitou afastar-se do cargo durante seis meses. No mesmo período, como forma de exercer a prática docente e exercitar a arte da dança, aprendida desde a infância, iniciei em 1999 atividades de ensino de jazz dance e ballet para crianças e adolescentes do Ensino Infantil, Ensino Fundamental e Médio na cidade de Cachoeira no interior da Bahia, mesmo residindo em Salvador.

Sem formação pedagógica prévia (era estudante de bacharelado em Nutrição), a professora assumiu o ensino de duas áreas de conhecimento, conforme seu relato. A formação de S. como docente universitária ocorreu ocorreu no mestrado, quando ela deu início à atividade de tirocínio docente e, em seguida, deu continuidade a sua aprendizagem docente como professora substituta na universidade:

> O ingresso no mestrado possibilitou a primeira atividade como docente universitária que ocorreu durante o tirocínio docente, atividade obrigatória do mestrado, na disciplina [...] que é oferecida pelo Instituto aos cursos de graduação da área da saúde em 2005. Também nesta disciplina exerci a função de docente por três meses até que novo processo seletivo para o cargo de professor substituto fosse iniciado. Após este período fui aprovada no concurso para professora substituta e permaneci por mais um ano, até julho de 2007. Durante o doutorado fui tirocinante nesta mesma disciplina mais uma vez, por dois semestres em 2009. Na execução dessas atividades acumulei experiência acadêmica, fortificando ainda mais o prazer de realizar a prática docente.

Indagam-nos a propósito da formação pedagógica dos docentes universitários obtida a partir dos cursos de mestrado e doutorado. Pela terminologia, o mestrado acadêmico deveria objetivar a formação dos mestres, dos professores. Entretanto, pelo que conhecemos dos currículos dos cursos de mestrado não há praticamente espaço para a

> *In*: DIAS, Ana Maria Iório; LIMA, Maria da Glória Barbosa (orgs.). *Cenário docente na educação superior no século XXI*: perspectivas e desafios. Teresina: Edufpi, 2013. p. 30-63.

formação docente pela ausência de disciplinas didático-pedagógicas. A não ser pelo tirocínio docente, os professores universitários ressentem-se bastante dessa lacuna em suas formações.

Em pesquisa realizada com a Rede Inter-regional de Formação de Professores para o Ensino Superior (Rides), pudemos constatar quão frágil tem sido essa formação. As disciplinas Docência no Ensino Superior, Metodologia do Ensino Superior ou Didática do Ensino Superior aparecem muito pouco em currículos de cursos de Mestrado em Educação e, muitas vezes, sob a forma de disciplinas optativas. São praticamente inexistentes nos mestrados das Ciências Duras, por exemplo.

S. refere ainda a importância da pesquisa na aprendizagem da docência e quanto isso tem sido valoroso no desenvolvimento de suas aulas, de modo similar ao que os outros professores já haviam assinalado:

> *O fato de eu ter buscado e conseguido atuar na pesquisa científica desde o início da minha vida acadêmica foi preponderante no meu trabalho hoje com a graduação. Enquanto graduanda eu me identifiquei de imediato com a possibilidade que a Epidemiologia traz de agregar pesquisa e ensino em um só espaço. Apresento aos discentes a aplicação real do conhecimento gerado nas pesquisas científicas na saúde das populações de forma prática, sempre que possível, e com exemplos reais do dia a dia, com estímulo à criatividade e a imaginação a partir do uso de filmes, reportagens, fotografias e visitas aos serviços de saúde e centros de pesquisa.*

Onde está presente o saber sensível na condução didático-pedagógica da professora S.? Parece-me que em sua abertura para um trabalho integrado entre a pesquisa e o ensino – o conteúdo vivo e vivenciado com os alunos em sua cotidianidade –, assim como no desejo explícito de incorporar outros elementos da arte e da sensibilidade em sua trajetória:

> *Tenho o desejo de programar mais atividades voltadas à corporeidade e sensibilidade, incluindo teatro e dança, mas a operacionalização é difícil e*

*colaboração dos colegas e da instituição para estas atividades ainda não é uma realidade. Existe o apoio verbal, mas na prática os contatos e a atividade ficam restritos a um só docente.*

A professora Linda (L.), de modo similar, começa a sua carreira docente no quadro de mestrado e doutorado, na condição de estagiária na atividade Tirocínio Docente:

> *Iniciei minha prática docente universitária formalmente em 2002, depois de ter trabalhado por dois anos como professora substituta. A única experiência de formação docente de que participei foi nos cursos de pós-graduação do ISC (mestrado e doutorado) através do tirocínio docente, acompanhando as atividades docentes de uma disciplina. Nesta o estímulo foi para a elaboração de um plano de aula e realização de uma aula expositiva, além de acompanhar as demais aulas e discussões dirigidas em grupo.*

L. refere uma aprendizagem da docência restrita à elaboração de plano de aula e realização de uma aula expositiva. Ausência, portanto, de formação didático-pedagógica prévia à assunção à sala de aula. O espaço para o saber sensível não esteve presente em sua aprendizagem inicial:

> *Corporeidade, imaginação, sensibilidade e criatividade nunca estiveram no "cardápio", a não ser eventualmente trazendo alguns convidados ou experiências externas, para a temática de educação e comunicação, a exemplo de peça de teatro produzida em serviços de saúde.*

Sua abertura ao saber sensível e ao lúdico fica, entretanto, bastante evidenciada em sua atual prática pedagógica, assim como na prática dos ateliês:

> *Tento envolver os alunos em atividades práticas, seja para problematizá-las; para conhecer meios e recursos de comunicação, para planejar ações...; ou para produzir práticas [...]. Para diversificar e propiciar motivação da aprendizagem, tenho procurado trazer colaboradores das áreas de arte, educação..., de modo a enriquecer a experiência dos alunos. Assim, já trabalhamos com teatro de bonecos, com cinemação; cinema, e outros. Esses contatos têm permitido aos alunos produzirem vídeos, mostras de fotografias, blogs, spots para rádio, atividades educativas com abordagens lúdicas, entre outros.*

Tendo o lúdico como aliado, a professora tem intentado desenvolver uma docência criativa com abertura para o saber sensível, o que ficou mais evidenciado com a sua participação nos ateliês:

> *A partir do ateliê, senti-me mais autorizada e estimulada a inovar no cotidiano da sala de aula e isso tem ocorrido de modo mais fluido. Estou me surpreendendo com aos resultados, pois percebo os alunos muito mais interessados em discutir os assuntos e engajar-se nas atividades, permanecendo em sala de aula além do horário previsto.*

Quanto à vivência nos ateliês, ED traz um significativo relato atentando para as mudanças produzidas em sua práxis pedagógica:

> *Antes de mais nada, foi um trabalho prazeroso de ser feito. Apreciei as questões que foram apresentadas, porém a que mais impactou sobre minha forma de conduzir minhas aulas foi a observação de que a condição primeira para um processo de aprendizagem é a existência de uma indagação ou mesmo inquietação por parte do aluno. Sem pergunta, pouco importam as respostas. Nunca tive um treinamento didático em todos os meus anos de docente. Percebi, também, uma diferença importante entre sala de aula do curso de graduação, aulas teóricas para pós-graduação e o trabalho de orientação que fazemos com aqueles alunos que estão se treinando no fazer da pesquisa e da produção de conhecimento. Me parece que cada um destes espaços exige um prática distinta. Contudo em todos eles somos mediadores.*

Chamou-nos a atenção o fato de que a professora jamais tivera qualquer "treinamento" pedagógico como docente com mais de vinte anos de carreira na instituição, fazendo-nos dar conta, mais uma vez, de que a formação pedagógica de professores universitários é uma lacuna que necessita ser revista com urgência. Refere-se às mudanças, dando-se conta de que o nosso papel como docentes é o de mediadores de conhecimentos, valores, hábitos e atitudes. Em lugar de aulas somente expositivas como longas palestras em sala de aula, a professora constata a importância da problematização como uma experiência aprendida nos ateliês:

> *Costumava, até então, organizar minhas aulas de forma que veiculassem uma sequência de ideias lógicas e claras sobre o tema que eu pretendia comunicar. Depois desta experiência estou mais atenta a certa quebra do tópico*

*com indagação ou problematização para incluir os ouvintes, de tal forma que eu possa transformar meu material em algum tipo de resposta para alguma indagação colocada pela audiência. Foi uma experiência interessante.*

O professor F. traz um discurso de contentamento pela participação nos ateliês e aponta para um começo de trilha com explícito desejo de mudança:

*Foi o meu primeiro contato com pedagogia (acho que isso já indica bastante sobre os processos seletivos dos professores universitários). O atelier me sensibilizou e me fez correr até uma livraria para olhar material bibliográfico. Especialmente, me fez avaliar a utilização da arte no processo de ensino (que eu achava os alunos e colegas pensariam ser muito "informal"). Estou ansioso por seguir aprendendo.*

A professora S. traduz uma experiência positiva na sua vivência e o aprendizado de que o desejo e a motivação são condições *sine qua non* para que ocorram os processos de ensino e de aprendizagem.

*A experiência foi positiva e trouxe reflexões e memórias da minha prática docente desde o período que ensinei no ensino médio e o reforço do meu entendimento de que para que o aluno aprenda é preciso haver mais do que técnica didática e domínio do conteúdo pelo professor. É preciso que ambas as partes estejam motivadas e desejosas. Sem prazer e sem "fome" de aprender e de ensinar, ou melhor, mediar, as probabilidades do principal objetivo final ser atingido serão mínimas.*

A professora L. faz um relato mais longo traduzindo sua experiência de alegria e positividade nas vivências realizadas nos ateliês e refere também o aprendizado inovador em suas atuais práticas de ensino:

*Vivenciei com grande satisfação e alegria ao ver enfim essas temáticas ganharem um espaço de discussão e reflexão na instituição onde trabalho, que, apesar de ser muito inovadora em sua área de expertise, deixava a educação... sempre em segundo plano. Como professora dessa área de interface [...], sinto que o isolamento começa a ser rompido, também por conta da chegada de novos professores. Assim, o Ateliê fortalece a área de conhecimento em que atuo e me encoraja a praticá-la com mais criatividade e entusiasmo. Assim, sou muito grata ao trabalho no Ateliê, que já repercutiu em minhas aulas,*

> renovando as possibilidades de criação em um contexto favorável também pelo movimento de reestruturação do curso.

Também faz uma crítica à Pedagogia tradicionalista de seu instituto e a pouca importância conferida ao conhecimento pedagógico-didático, entendido como "perfumaria" em seu ambiente de trabalho:

> A práxis pedagógica no [...] tem sido marcada por uma visão tradicionalista, considerando-se a pedagogia como "perfumaria". Com o foco mais no ensino do que na aprendizagem "O quê" sempre teve prioridade em relação ao "Como" e os problemas desse processo são referidos preferencialmente aos alunos, gozando o saber científico do estatuto de verdade, de "o saber", que é correto e justo, em detrimento de conhecer os demais saberes e sua validade social. Só mais recentemente, diante dos resultados de avaliações de alunos dos cursos de graduação em saúde coletiva e com a chegada de novos professores (entre outros fatores), a instituição tem se mostrado mais sensível a essas questões e passado a considerar com seriedade as questões pedagógicas.

Essa realidade que concede pouco prestígio aos saberes didático-pedagógicos está presente também em outras faculdades. A pouca importância relegada a esses saberes empobrece sobremaneira a profissão docente, incidindo diretamente sobre a produção da profissionalidade e, por conseguinte, no profissionalismo dos docentes universitários.

A relação entre profissionalidade e profissionalismo é dialética. De modo interdependente, quanto mais mobilizamos saberes, habilidades, valores na prática do trabalho docente, mais solidificamos nossa profissionalidade e nos constituímos profissionais competentes – no agir com profissionalismo. Com efeito, essa relação é desejável no meio acadêmico a fim de que tenhamos uma mudança significativa de cenário.

Em síntese, pode-se afirmar, a partir das escritas autobiográficas e das vivências nos ateliês formativos, que esse expediente metodológico funcionou positivamente tendo impactado na docência dos professores, produzindo mudanças de comportamento pedagógico. Os professores, de modo geral, apresentaram interesse, sensibilidade, abertura para desenvolvimento de um trabalho sensível e criativo.

## 5. Em busca de uma síntese possível

Nesta pesquisa-formação com ateliês didáticos como dispositivo de intervenção didática, formativa, adotamos alguns eixos estruturadores fundamentados na Teoria Raciovitalista e, sobre tal base, buscamos analisar as informações obtidas:

a) **Descrever:** o fenômeno em suas partes, interfaces (o que fizemos mediante análise descritiva).

b) **Evocar:** as lembranças, as memórias de pessoas, lugares, momentos constituintes da docência (obtidos mediante as escritas autobiográficas).

c) **Metaforizar:** os modos de intervenção didática a partir de múltiplas linguagens (metáforas criativas – música, dança, poesia, representações) usadas nos ateliês formativos).

d) **Interpretar:** com base nas representações de cada participante do grupo de pesquisa (as inferências, os sentidos e significados produzidos na pesquisa).

Como principais resultados, interpretando os significantes que emergiram no processo da pesquisa, podemos afirmar que os professores, mesmo partícipes de uma IES fundada sob um paradigma interdisciplinar e colaborativo, se ressentiam de algumas dificuldades nesse domínio:

a) 60% não compartilham seus estudos com seus pares na instituição e 40% não fazem relatórios ou diários reflexivos de forma sistemática sobre suas atividades de ensino.

b) Os professores demonstram estar interessados em um trabalho pedagógico colaborativo e autônomo por parte dos alunos, mas 60% não discutem suas modalidades de avaliação.

Encontramos, também, no terreno empírico, uma equipe de professores interessada em desenvolver um trabalho inovador. Com efeito, 60% utilizam atividades lúdicas (os outros 40% raramente ou nunca utilizam) e 50% utilizam as linguagens artísticas em seus cursos. Além disso, os professores afirmaram forte interesse por formação pedagógica, mas 60% deles não participavam de eventos científicos na área educacional nem de formações pedagógicas, o que poderia colaborar com a consolidação do paradigma inovador abraçado pela IES.

No que tange à concepção e identificação de saberes pedagógicos e didáticos, observamos que os professores, em geral, possuem uma noção incipiente sobre tais saberes, não demonstrando possuir um conceito inspirado em reflexão sistemática sobre o assunto, ora confundindo as duas searas (à exceção de um professor). Por vezes, confundem aspectos técnicos e instrumentais; por vezes confundem saberes práticos e saberes do domínio afetivo; por vezes confundem saberes, competências e capacidades.

Consideramos que os saberes didáticos e pedagógicos incluem questões técnicas do *savoir-faire*, mas não se confinam a tal dimensão. Há uma diferença conceitual entre saberes pedagógicos e saberes didáticos, e essa diferença conceitual remete, por sua vez, às concepções historicamente construídas e sistematizadas por diversos autores da área sobre Pedagogia e Didática (LIBÂNEO, 2000; PIMENTA, 1996; 2012).

Assumimos aqui o conceito de Pedagogia como Ciência da Educação, referenciados em Libâneo (2000) e Pimenta (1996; 2000; 2012). Entendemos a Didática como uma ramificação da Ciência Pedagógica que estuda diretamente o processo de ensino e aprendizagem. Adotando estes conceitos como basilares, os estendemos à compreensão que construímos sobre saberes pedagógicos e didáticos. A nosso ver, os saberes didáticos estão relacionados ao processo de ensino (processos pré-ensino – pesquisa e planejamento – ensino em si e pós-ensino – avaliação, replanejamento); e os pedagógicos referentes às concepções de educação, de ensino, sujeitos da ação pedagógica, conhecimento e aprendizagem – esteio sobre o qual os saberes didáticos se erigem. Essa diferenciação pode à primeira vista parecer inócua, mas a nosso ver traz uma maior consistência para a análise e compreensão do fenômeno educativo, e pedagógico-didático em particular.

Todavia, os colaboradores da pesquisa expressaram mobilizar estes saberes sem, entretanto, identificá-los com clareza. Esse aspecto foi também notado nos questionários, percebendo-se que os docentes se reportavam a uma tipificação confusa dos saberes e à não distinção entre os saberes pedagógicos e os saberes didáticos.

Percebemos, também, a partir dos ateliês, que os professores apresentam abertura para uma prática pedagógica raciovitalista, demonstrando (inclusive em suas escritas) a importância de se trabalhar o ensino associado à pesquisa, tornando o conteúdo disciplinar mais vivo e pulsante para o alunado. Há toda uma prática já vivida no trabalho pedagógico desses professores que alia a pesquisa ao ensino de diferentes maneiras, umas mais criativas e lúdicas que outras (com uso de oficinas, cinema, dramatizações), o que remete também ao grande potencial para que o saber sensível se faça presente.

Portanto, o saber sensível e a ludicidade são, de alguma maneira, dispositivos potenciais para as práticas dos professores que, nos questionários, se reportam a essas dimensões em suas aulas, em grande escala, numa perspectiva ainda instrumentalizadora (como o uso de recursos: filmes, jogos, representações) ou em práticas esporádicas, mas estão de alguma forma presentes.

Para o que chamamos de exercício da profissionalidade visando a competência profissional (profissionalismo) desejável para a docência, sensível e lúdica, embora os professores colaboradores da pesquisa mobilizem os saberes pedagógico-didáticos, falta ainda estudo sistematizado dos conceitos a partir das Teorias Pedagógicas e Didáticas. Mesmo professores licenciados confundem Didática com Pedagogia. Falta-nos, a partir da emergência de novas formações, verificar, com maior fidedignidade, o desenvolvimento da profissionalidade dos professores a partir da agregação entre os saberes didático, pedagógico e sensível.

# V

# O ateliê didático como dispositivo de formação sensível para professores da Educação Superior

*"Ensinamento*

*Minha mãe achava estudo
a coisa mais fina do mundo.
Não é.
A coisa mais fina do mundo
é o sentimento."*
(Adélia Prado)

## 1. Introdução

Uma nova profissionalidade vem sendo conclamada para os docentes universitários, no sentido de uma adequada preparação didática e, por conseguinte, de um redimensionamento dos processos formativos. O ingresso na carreira universitária prioriza os títulos em detrimento da experiência docente, valoriza a formação do pesquisador, a especialização dos saberes específicos sem exigência de formação pedagógica, caracterizando a docência universitária como um ofício, o que empobrece sobremaneira o processo de profissionalização e identificação com a área.

O estudo sobre docência universitária, na última década, ganhou *status* de campo de conhecimento científico e sobre ele vários pesquisadores vêm se debruçando. Redes de pesquisadores como a Rede Inter-Regional Norte, Nordeste e Centro-Oeste sobre Docência na Educação Superior (Rides) e a Rede Sul-Brasileira de Investigadores de Educação Superior (Ries) são exemplares.

A assunção da docência no ensino superior pressupõe uma formação em nível de pós-graduação *lato* ou *stricto sensu*. Efetivamente, está previsto na Lei de Diretrizes e Bases da Educação Nacional que a formação do docente de Ensino Superior deverá se efetivar, prioritariamente, em cursos de mestrado e doutorado (BRASIL, 1996).

Não obstante, disciplinas como Metodologia do Ensino Superior ou Didática do Ensino Superior são componentes não obrigatórios nos currículos de grande parte dos cursos de mestrado e doutorado em Educação no País. As disciplinas voltadas à pesquisa e as reflexões sociológicas ou antropológicas ganham primazia nos referidos currículos, relegando a segundo plano a Didática voltada à formação dos professores na Educação Superior (VEIGA, 2012).

A graduação vem, assim, ao longo do tempo, recebendo docentes com precária formação pedagógica. São doutores em suas áreas específicas de formação, mas praticamente leigos, muitos deles, no que tange à formação didático-pedagógica. É como se os professores universitários caíssem de paraquedas na profissão: sem reflexão analítica sobre a Educação e sobre a sua práxis, desconhecendo cientificamente os saberes pedagógicos e didáticos configuradores da própria ação profissional. É nesse contexto que emerge na Universidade Federal da Bahia um Programa de Formação Continuada Docente (Forped), como iniciativa da Pró-Reitoria de Graduação (Prograd) e apoio da Pró-Reitoria de Desenvolvimento de Pessoas (Prodep). No bojo deste programa e por exigência de uma nova profissionalidade para os docentes da universidade é que surge o ateliê didático como curso de formação continuada para os docentes da Universidade Federal da Bahia (UFBA).

## 2. O ateliê didático como dispositivo de formação sensível

O ateliê didático é, afirmando de modo simplificado, um curso teórico-prático oferecido aos docentes da UFBA na modalidade semipresencial. Constitui-se, antes de mais nada, em dispositivo formacional, no dizer de Macedo (2010), de natureza aberta, dinâmica, transformadora. Um dispositivo de formação "capaz da possibilitar aos docentes universitários implicados, a conscientização de sua condição de profissionais professores comprometidos com seu 'que fazer' cotidiano" (D'ÁVILA; MADEIRA; GUERRA, 2018, p. 152).

A ideia de dispositivo de formação e pesquisa advém de Macedo (2010). Segundo o autor, um dispositivo de formação traduz a ideia de um método aberto e não de um curso fechado, a ideia de um construto provisório que sempre se constitui na práxis refletida e autorizada. Essa ideia de abertura condiz com a dinâmica do ateliê, que se alimenta dos saberes construídos na prática e se reconstrói continuamente em uma espécie de planejar flexível.

O ateliê teve seu início no ano de 2016, tendo levado o ano anterior na sua gestação. O nome ateliê provém do francês *atelier* e significa 'lugar de criação', por isso a sua escolha. Na nossa cultura, normalmente, espaço destinado à criação artística. As turmas iniciais do ateliê didático, em 2016 e 2017, foram constituídas por docentes universitários de diversas áreas e com diferentes tempos de serviço na instituição. A coordenação e a mediação foram feitas por docentes da própria universidade.

Assumimos como pilares fundamentais na concepção dos ateliês:

1. A epistemologia da prática, pois se acredita que é a partir dos saberes da experiência profissional que se transformam paradigmas e se aprende de modo significativo (TARDIF, 2002; GAUTHIER *et al.*, 1998).

2. A Didática Sensível, com seus pressupostos ancorados no Raciovitalismo (MAFFESOLI, 2005).

3. A fenomenologia existencialista que traz à baila as histórias de vida dos professores. Convocamos também os conceitos de dispositivo de formação a partir dos estudos concebidos por Macedo (2010).

Assim, ao concebermos o ateliê didático, trouxemos como escopo a ideia de que a formação só faz sentido se assentada sobre saberes da prática docente ressignificados em saberes da práxis, pela qual o teor didático e pedagógico é apreendido com consciência pelos participantes, levando-os a repensar e a reestruturar sua práxis pedagógica.

São objetivos dos ateliês no processo formativo dos professores universitários: "buscar nas trajetórias pessoais dos docentes os traços que influenciaram e influenciam a escolha da profissão como professores(as) universitários(as); evidenciar compreensão sobre o papel dos professores universitários diante dos desafios da sociedade do conhecimento: seus dilemas, sua identidade e profissionalidade; conhecer abordagens pedagógicas relacionadas ao ensino superior; compreender os processos de aprendizagem do público adulto, adequando-se às suas necessidades socioafetivas e características cognitivas; conhecer e analisar os tipos e etapas de planejamento de ensino em uma perspectiva dialética e crítica; operacionalizar o planejamento didático no espaço da sala de aula, redimensionando suas experiências com vistas à exercitação da prática pedagógica no ensino superior." (D'ÁVILA; MADEIRA; GUERRA, 2018, p. 153)

Em seu *modus operandi,* planejamos um processo formativo semipresencial, dividido, pois, nas modalidades presencial (40 horas) e *on-line* (20 horas). Assim, a carga horária é majoritariamente presencial; e todo o processo vem sendo desenvolvido de forma interativa, possibilitando aos participantes a abordagem e vivência de conceitos didático-pedagógicos básicos, com base em atividades adequadas à Educação Superior. Para o trabalho desenvolvido a distância, *on-line*, deste dispositivo de formação e de pesquisa-formação, usamos o ambiente virtual de aprendizagem (AVA) Moodle, proporcionando aos docentes em curso o desenvolvimento de diversas atividades, inclusive a ressignificação dos seus planos de ensino advindos de suas práticas docentes, tendo como suporte as leituras e estudos realizados no módulo presencial. No processo do curso, a avaliação é entendida como uma constante.

Enfim, e como anunciamos em suas bases conceituais, começaremos o capítulo deslindando os pilares originais (assumidos pela autora), partindo da justificativa do ateliê como dispositivo de formação; para em seguida adentrarmos na epistemologia da prática e finalizarmos com os pressupostos e dinâmica da Didática Sensível.

## 3. Os fundamentos do ateliê didático

Iniciamos com a assertiva de que o ateliê didático não se limita a um curso pontual de formação de professores universitários e convocamos de Macedo (2010, p. 111) o conceito de dispositivo de formação, considerando suas características de dinamicidade, flexibilidade e *construtividade*:

> *Um dispositivo de formação deve se colocar sempre como um método aberto, como uma política de sentido à disposição das disponibilizações, proposições e condições de formação, e não apenas como o que está recomendado, prescrito, com o intuito de colocar o processo de formação em marcha. Ao contrário, deve ser concebido e desenvolver-se a partir de uma experiência refletida criticamente, em todos os seus âmbitos e condições.*

Em uma abordagem complexa que ultrapassa os sentidos limitados do pensamento racionalista instrumental, vamos encontrar neste autor subsídios para compreendermos o espaço-tempo dos ateliês didáticos. Primeiro, é salutar compreendermos o entendimento de formação como ação intercompreensiva e intercrítica, pela qual os diálogos construídos entre educadores corroboram o próprio processo formativo, transformando o pensar e transmutando os saberes sobre as práticas pedagógicas envolvidas. O dispositivo de formação cria as condições para que os diálogos se estabeleçam. Assim, Macedo (2010, p. 109) constrói seu conceito de dispositivo como "um conjunto de ações capazes de organizar suas análises sobre práticas humanas historicamente regimentadas".

Dispositivo deriva do latim *dispositum,* que na Idade Média significou 'o que prepara'. Para Macedo (2010, p. 109), inspirado em Michel Foucault e Deleuze: "É aqui que o dispositivo aparece como um conjunto de ações e sistematizações que produzem distinção e organização dos elementos, tornando-os inteligíveis em meio a um conjunto confuso". São traçados mapas, nos quais se estabelecem um plano de pensamento dinâmico que se faz no próprio fazer.

O ateliê didático encontrou seu enraizamento perfeito. Ateliê, como espaço de criação, produz e é produzido nas inter-relações entre sujeitos com suas subjetividades e objetivações. "Um dispositivo de formação deve ter o seu comparecimento formativo marcado pelo dinamismo reflexivo da formação, pelas itinerâncias e errâncias que percorrem, relacionam, levando em conta a experiência autorizante e reflexiva do processo de aprendizagem", como nos afirma Macedo (2010, p. 111). Desse pensamento advém a ideia de dialogia – quando o autor refere as negociações intercríticas nos remete à necessária dialógica entre pares capazes de fazer emergir saberes e práticas assentadas em construções reflexivas.

Coaduna-se com nosso pensamento quando o autor refere a *autopoiésis* da formação como um fenômeno que se regula, se reequilibra e se reconstrói incessantemente (MACEDO, 2010, p. 111): "Neste sentido fazer coisas, objetos, modelos de corpos, condutas, mentalidades, programas, estratégias; abrir brechas, fissuras, produzir transgressões, ultrapassagens, traições [...] superaria o *habitus*", que organiza e mobiliza predominantemente a ideia dos cursos de formação continuada como apêndices ou aplicação de conhecimentos formais já instituídos.

O ateliê também está pautado sobre a epistemologia da prática.

A epistemologia da prática se refere a um saber específico, oriundo e mobilizado da/na prática docente. Para Tardif (2002), é importante assinalar a valorização do saber profissional para que, a partir dele, se possa superar a simples e rigorosa aplicação de teorias científicas. A atividade profissional docente se faz a partir da produção de saberes na e pela experiência, portanto, são saberes que se movimentam na ação.

A noção de saber extrapola a de conhecimento. Assumimos, a partir de Lino de Macedo (ao interpretar a Teoria de Piaget) a ideia da triangulação dos conceitos de informação, conhecimento e saber. Tais conceitos são interdependentes, mas em si são irredutíveis. O que significa dizer que não são sinônimos; assim, informar é diferente de conhecer e conhecer é diferente de saber. Para conhecer, necessita-se da informação. Para saber, necessita-se do conhecimento. Há, pois, entre estas ações cognitivas uma relação intrínseca de interdependência e, por esta razão, o conceito de saber vem a ser o de um conhecimento transformado pela vivência, incrustado na e pela experiência. Da construção do saber deriva a sabedoria e, no caso do saber pedagógico profissional, dele deriva, por assim dizer, a sabedoria pedagógica.

> MACEDO, Lino de. Informar, conhecer e saber. *Escola On-line*, 4 ago. 2008. Disponível em: https://www.youtube.com/watch?v=6GsxXvHNtZM. Acesso em: 13 mar. 2018.

Para Pimenta (2012), conhecimento, inspirado em Morin, não se reduz à informação. Seria, assim, a informação um primeiro estágio do conhecimento. O segundo estágio seria o de conhecer e o terceiro estágio, elencado pela autora, seria o da consciência ou sabedoria. Conclui Pimenta (2012, p. 23) que a inteligência tem a arte de transformar o conhecimento em algo de útil e pertinente (como também seu contrário), e a sabedoria, que advém da reflexão profunda, é capaz de produzir "novas formas de existência e de humanização. E é nessa trama que se pode entender as relações entre conhecimento e poder".

Segundo Tardif (2002, p. 10), a epistemologia da prática profissional é "o estudo do conjunto dos saberes utilizados realmente pelos profissionais em seu espaço de trabalho cotidiano para desempenhar todas as suas tarefas", estando assim este saber intimamente associado à prática profissional.

Os saberes profissionais docentes englobam os conhecimentos, as competências, habilidades e atitudes valorativas docentes, acrescendo-se a dimensão do saber sensível, vinculado à experiência estética e lúdica. Estes saberes não se desenvolvem de modo isolado e presidem a ação e toda a prática docente. São, sobretudo, os saberes pedagógicos e didáticos que, mobilizados em sala de aula, subsidiam a prática didática de professores em qualquer nível de ensino – da Educação Básica ao Ensino Superior. E o não reconhecimento desses saberes conduz ao que chamo de perda de profissionalismo, trazendo problemas também de ordem técnica, ideológica e, sobretudo, política para a profissionalização docente (D'ÁVILA, 2016).

Segundo Tardif (2002, p. 247):

> A questão da epistemologia da prática profissional se encontra, evidentemente, no cerne desse movimento de profissionalização. De fato, no mundo do trabalho, o que distingue as profissões das outras ocupações é, em grande parte, a natureza dos conhecimentos que estão em jogo. Lembremos aqui as principais características do conhecimento profissional tais como se acham expressas, nos últimos vinte anos, na literatura sobre as profissões.

Essa colocação de Tardif (2002) é muito importante e chancela a nossa defesa em nome do reconhecimento dos saberes especializados da docência: os saberes pedagógicos e didáticos. Recentemente, em livro organizado por Veiga et al. (2017), escrevi um capítulo cujo título esclarece o que digo: "O indefinível praticável: concepções de professores universitários sobre saberes pedagógicos e didáticos". Nesse material, apresentam-se dados de pesquisa realizada com professores universitários do curso de Pedagogia que, lamentavelmente, não sabem definir os saberes que põem em prática em sua sala de aula, apresentando concepções aproximativas do conceito e sem fundamento na Ciência da Educação. Assim como os conceitos de Pedagogia e de Didática que, para a maioria dos docentes, são a mesma coisa. Essa indefinição sobre o sal do fazer docente – os saberes que mobilizam a prática docente, a Didática de cada professor(a) – concorre para problemas de profissionalização e falta de profissionalismo na carreira.

Assumimos, nesse trabalho, que saberes pedagógicos abarcam os saberes didáticos, mas são diferentes. Os saberes pedagógicos "referem-se à ação pedagógica em amplo espectro. E os saberes didáticos se referem às ações de ensino", a separação entre os dois conceitos é puramente uma abstração. Para sintetizar, os saberes pedagógicos, provenientes da Ciência Pedagógica e das ciências da educação e amalgamados pela experiência, fundamentam os saberes didáticos. São exemplos dos saberes pedagógicos o conhecimento das teorias da educação, das teorias da aprendizagem, da ciência cognitiva, da legislação educacional, do planejamento em sua parte conceitual. Os saberes didáticos são saberes do ensino, que direcionam a mediação didática dos conteúdos e a gestão da classe. São exemplos de saberes didáticos "os elementos pré-processo de ensino, como planejar uma disciplina, por exemplo, aos elementos presentes no ato de ensinar – gerir uma classe, interagir verbalmente, mediar didaticamente os conteúdos – e pós-processo de ensino – avaliar e replanejar" (D'AVILA, 2017, p. 71). Sem esgotar aqui os saberes didáticos e pedagógicos atinentes à docência, estes são exemplos que esclarecem, pelo menos, a sua existência.

Há de se referir aqui mais uma vez Pimenta (2012, p. 27) quando afirma que os saberes pedagógicos, e os didáticos, por inclusão, não provêm das teorias, ou da formação disciplinar, pura e simplesmente. Para se constituírem saberes eles têm que ser amalgamados na e pela experiência profissional:

> *O retorno autêntico à pedagogia ocorrerá se as ciências da educação deixarem de partir de diferentes saberes constituídos e começarem a tomar a prática dos formandos como o ponto de partida e de chegada. Trata-se, portanto, de reinventar os saberes pedagógicos a partir da prática social da educação.*

A pergunta que fica no ar: "Como passar, então, dos saberes práticos, por definição sempre situados, fortemente ligados à personalidade dos atores, à particularidade das situações de trabalho, aos saberes formalizados que podemos incorporar nos programas de formação universitária?" (TARDIF, 2002, p. 299). Urge que incorporemos em nossos cursos de formação de professores uma visão esclarecedora sobre estes saberes. É o que venho tentando fazer em um trabalho infindável junto aos alunos de licenciaturas: o inventário desses saberes, a elaboração de um glossário das famílias de saberes pedagógicos e didáticos até suas especializações, acentuando-se a importância do seu reconhecimento em sala de aula.

Por isso, damos especial ênfase aos saberes dos professores nas aulas do ateliê didático e buscamos fazer que esses professores universitários se conscientizem desses saberes que já possuem, mobilizam, que perfazem suas práxis e que os constituem como professores com personalidade e identidade profissional.

O outro pilar que sustenta a ação pedagógica nos ateliês é a Didática Sensível. Subjacentes estão os pressupostos construtivistas, socioconstrutivistas, a epistemologia das múltiplas inteligências e o raciovitalismo (a presidir o principal argumento).

Uma das marcas do ateliê é a mediação didática com uso das metáforas criativas. Todos os conteúdos são trabalhados na perspectiva da sua apreensão sensorial, sensível e inteligível, onde a emoção, a imaginação, a intuição são forças motrizes. As metáforas trazem em si essas potencialidades. Ao se trabalhar com um texto poético, ou com uma música, ou uma imagem, por exemplo, a ideia é transportar-se para outro plano que não somente o da apreensão intelectual dos conceitos. A dimensão estética libera nas pessoas certa sensação de êxtase e, ao mesmo tempo, de compreensão global das coisas.

Estética, do grego *aisthesis,* significa 'sensação, sentimento'. Para Morin, desde a "Introdução" de seu livro *Sur l'esthétique* (2016), a estética traduz um sentimento, uma emoção: um sentimento estético de maravilhamento que desenvolvemos diante das obras da natureza ou das obras artísticas, enfim, das imagens, dos sons, dos movimentos que elevam o espírito a outra condição que não somente a da subsistência.

Segundo Morin (2016, p. 11):

> *O sentimento estético é um sentimento de prazer e de admiração, o qual, quando intenso, torna-se um maravilhamento ou mesmo uma felicidade. Este sentimento pode ser provocado por uma obra de arte, mas também por um espetáculo natural. Pode ser suscitado por objetos ou obras cuja destinação pode não ter sido estética, mas tornaram-se estetizados por nós.*

"Le sentiment esthétique est un sentiment de plaisir et d'admiration, qui lorsqu'il est intense devient émerveillement ou même bonheur. Il peut être provoqué par une œuvre d'art mais aussi par un spectacle naturel. Il peut être suscité par des objets ou des œuvres dont la destination n'était pas esthétique, mais que deviennent esthétisés par nous" (T. A.).

Parafraseando o autor, é um sentimento dificilmente explicável, pois cada um pode se maravilhar diante de objetos, situações diferenciadas, mas a emoção estética nos impulsiona para outro estado de espírito – o estado poético. De acordo com Morin (2016, p. 12), "tudo que é estético é um elemento integrado e integrante da parte poética da vida".

"Tout ce qui est esthétique est un élément intégré et intégrant de la part poétique de la vie" (T. A.).

No ateliê didático, parte-se metodologicamente do sentir e das metáforas criativas ludoestéticas que liberam sensações e compreensões gestálticas, não dos discursos prontos ou das aulas que substituem a antiga lousa por *slides* no PowerPoint e *datashow*.

No ensino de modelo conteudista-transmissional, os professores partem de um saber pronto e encerrado em um discurso – seja textual (a partir da lousa ou de *slides*), seja oral. Nesse ensino, os professores são protagonistas dos quais emanam os conteúdos sem contexto: as fórmulas, as súmulas de conhecimento (como se pudessem ser) transmissíveis aos cérebros dos educandos. Na Didática Sensível, o(a) professor(a) mediador(a) é mais um(a). A relação na classe é de mediação compartilhada.

Esse processo de mediação didática, já citado anteriormente, está fundamentado no conceito vygotskyano de mediação cognitiva. A mediação didática é um tipo de mediação operacionalizada pelo docente enquanto coordenador das atividades na sala, sobre a mediação cognitiva dos alunos. Ou seja, se a aprendizagem já é em si um processo mediado pela cultura (mediação simbólica), a mediação didática diz respeito a uma mediação sobre a mediação (a mediação didática se realiza sobre a mediação cognitiva dos educandos).

Este processo não se dá de forma unidirecional: dos professores para os alunos, mas, também, dos alunos para os professores e para os demais alunos na classe. O conceito de mediação partilhada é deslindado por Adriana Bruno (2007, p. 203-4): "no processo de mediação didática, os papéis entre professor e alunos podem se fundir para se autoconstruírem, à medida que se auto-organizam à luz das aprendizagens emergentes. Desta relação, se constituem parcerias, onde todos aprendem a trabalhar colaborativamente". Sem perder de vista o papel de cada um, esse tipo de mediação abre as possibilidades para a coconstrução do conhecimento.

Bruno (2007, p. 201) assevera:

> A participação do mediador e de suas ponderações são sempre intencionais e, por isso, por mais que esteja envolvido com as construções, reflexões e regências emergentes, não deve perder de vista sua função no grupo. Deve estar atento aos movimentos do grupo para nele interferir. Esta atenção se estende tanto aos que participam ativamente, quanto aos que se apresentam mais modestamente em suas inserções.

Essa questão é relevante na sala de aula, e, nos ateliês, ela se concretiza plenamente. Somos cinco professoras mediadoras do ateliê didático e este dispositivo vem se constituindo como formador de nossas práxis. Exemplo disso é o fato de que todas participamos das aulas coletivamente em quase todas as ocasiões. O fato de estarmos juntas nessa liderança tem facultado nossa formação umas com as outras e também diante dos alunos com seus saberes de experiência.

O trabalho dos ateliês tem-se desenvolvido metodologicamente guardando os princípios mencionados da Didática Sensível: sentir, metaforizar, imaginar, criar, pelos quais apresentamos alguns exemplos.

Para conhecermos o grupo, trabalhamos com a técnica do novelo em rede, pela qual os cursistas se apresentam narrando um pouco de suas histórias como docentes. O momento do imaginar passa pelo trabalho com as metáforas, com as imagens. No seio do ateliê, mediamos o conteúdo da aula referente à percepção e aprendizagem começando com a metáfora das figuras da *Gestalt* (figura e fundo) e desencadeamos a discussão a partir das descobertas de cada um, de suas impressões. Trabalhamos também este momento/etapa da imaginação, com quadros de Monet, apresentados a partir de livros de artes visuais, nos quais indagávamos a respeito das percepções diferenciadas na classe e os processos de aprendizagem.

Para abordarmos a questão das concepções pedagógicas no Ensino Superior e a dimensão do sensível, desenvolvemos uma metodologia do sentir a partir do tato, objetos de texturas variadas escondidos dentro da "caixa-preta". É muito interessante usar esta estratégia e perceber os cursistas curiosos como crianças que querem descobrir o prodigioso mistério.

Para a mediação do conteúdo "Planejamento de ensino", partimos de um jogo de lego e solicitamos a elaboração de um microplanejamento arquitetônico; as discussões desencadeadas em cada grupo suscitaram participação entusiasmada.

Com o objetivo de discutirmos os dilemas da prática docente universitária, trabalhamos com histórias de vida e simulações – representações teatrais sobre as histórias vivenciadas – e associamos isso ao conteúdo das concepções pedagógicas na Educação Superior.

Na aula sobre "Aprendizagem significativa" – notas em favor de uma Pedagogia universitária –, além de mapas mentais, desenvolvemos um jogo (organizador prévio), o "Bingo dos sentidos", pelo qual os cursistas deveriam encontrar no meio de um emaranhado de letras o sentido da mensagem.

Em aula sobre "Estruturantes didáticos", apresentamos o filme *A festa de Babeth*, criando uma analogia entre a arte culinária da cozinheira sensível, Babeth, e a arte do ensino. Ambas(os), professoras(es) e cozinheiras(os), são mediadoras(es) de um conhecimento que envolve *modus operandi*, saberes experienciais e formais.

Outra temática importante se refere ao fenômeno da aula enquanto prática social e saberes pedagógico-didáticos. Para esta aula pedimos que construíssem mandalas a partir das representações do contexto das salas de aula. Com a apresentação das mandalas, indagamos: "O que foi representado? Onde você se insere? Que contexto é este? Como você se sentiu nesta construção?" Passou-se à sistematização da discussão considerando os saberes docentes envolvidos nessa construção.

Então, não necessariamente em uma ordem rígida, seguimos os passos da Didática Sensível no ateliê didático com a crença de que este trabalho desperte nos sujeitos uma aprendizagem significativa, duradoura e capaz de alterar suas práxis. Os professores universitários provindos de áreas técnicas e sem formação pedagógica acorrem ao ateliê, muitos deles, com a esperança de resolver seus problemas didático-pedagógicos a partir de um rol de técnicas de ensino. O ateliê tem provado que é necessário muito mais do que técnicas de ensino para se alterar o contexto da sala de aula. É necessária uma mudança paradigmática capaz de mudar também suas práxis, de alterar os significados de suas aulas e mexer com suas profissionalidades e identidades profissionais.

Significa compreender transformando o saber. Para Macedo (2010, p. 41), a ideia de compreensão já traz em si a formação, ou seja, "existimos compreendendo para poder viver e, com isso, nos formamos". Para além de uma capacidade cognitiva, compreender significa uma ação humana que emerge das mediações cognitivo-sensíveis e suas consequentes implicações. O sujeito transforma a sua práxis e a si mesmo, compreendendo-a e compreendendo-se como sujeito, ator social implicado no seu fazer. O aprender total ou totalizado de Macedo (2010, p. 43), mais uma vez: "Quando aprendemos, mesmo no erro, ou na transgressão, aprendemos totalizados, ou seja, é o Ser na sua caminhada histórica, composta por domínios, consensos, contradições, paradoxos e ambivalências, que se move, se mobiliza e, portanto, aprende". De posse desse pensamento, cuidamos de compreender o ateliê didático em uma visão que transpassa um curso pontual de formação de professores.

Quando o referido autor nos traz essa ideia do aprender totalizado, integrado, nos remete ao raciovitalismo maffesoliano. Não há como aprender alguma coisa, não há como formar ou formar-se, separando razão de sentimento e corpo. A exacerbação da razão intelectual sobre a sabedoria corporal e sensível reduz-nos. As memórias são afetivas e guardam cores, sabores e aromas. As âncoras cognitivas são também de ordem emocional, intuitiva e corporal.

## 4. Considerações sintéticas e prognósticas

A experiência do ateliê didático tem sido auspiciosa para professores, formadores e dirigentes universitários. Por ocasião da pandemia de Covid-19, que assola o planeta desde 2020, temos realizado que somente o trabalho focado na experiência docente, na vivência sensorial dos conhecimentos, na apreensão sensível e inteligível destes conhecimentos, pode conduzir às transformações desejáveis na docência universitária.

Em 2021 oferecemos aos professores da UFBA o Ateliê Didático Online, uma experiência praxiológica ao mesmo tempo inovadora e desafiadora. Como que de mãos atadas, os professores se viram no início do ano de 2020 sem horizonte definido para o trabalho pedagógico-didático que se descortinava como possível, haja vista o distanciamento social impingido durante a pandemia. Em um cenário distópico, engendramos um curso inteiramente *on-line*, resguardando-se, todavia, as características advindas da Didática Sensível que marcam a nossa Pedagogia: as metáforas criativas, a linguagem artística, o estudo e respeito das subjetividades dos sujeitos, a ancoragem na experiência sensível dos docentes.

Pelos relatos obtidos dos resultados destes ateliês, pudemos verificar a sua efetividade e o seu efeito mobilizador. A que se deve? A nosso ver, o entusiasmo dos professores e os relatos que apontam transformações em suas práxis têm origem na Didática materializada durante as aulas, de cunho sensível, crítico e emancipador. Além disso, os professores eram declaradamente automotivados e explicitavam a necessidade de formação pedagógica. Ajunte-se a isso o preparo das formadoras, do ponto de vista da qualidade pedagógica compreendida nas dimensões técnica, humanística, estética, ética e político-social.

Pretendemos que o ateliê tenha durabilidade no tempo e efeito de propagação. Temos tido *feedbacks* interessantes nesse sentido e, também, divulgado a experiência em encontros acadêmicos e congressos. Mas a melhor comunicação da experiência tem sido feita com os professores participantes. São eles que comentam que narram suas experiências uns aos outros em seus institutos – esse tem sido o melhor *feedback*, a cada turma de professores constatarmos seu efeito multiplicador.

Temos problemas de logística, muitas vezes, salas pouco adequadas e horários dos professores por conta de suas agendas superlotadas. Falta de melhores condições para executarmos a contento nossa proposta de formação. O ateliê é itinerante, a cada edição ministramos aulas em escolas ou institutos diferentes dentro do *campus* da UFBA. Isso tem sido muito bom, pois conhecemos a UFBA por dentro – seus professores, sua cultura, seus mecanismos internos de funcionamento nos diferentes *campi* e IES. Não obstante, isso acarreta o problema das salas inadequadas. Para aulas de Didática ou para o desenvolvimento de um curso de formação de professores, necessitamos de espaço adequado, amplo, claro, arejado, que nos dê possibilidade para a execução de metodologias criativas, de exercícios corporais, de imaginação, de concentração, de meditação. Necessitamos sempre de boa aparelhagem de vídeo e áudio, nem sempre disponíveis.

Precisamos estar munidos dos melhores equipamentos e ferramentas para um funcionamento exemplar de nossas aulas. Mas o mais importante é o *feeling*. E este sentimento interno de entrega e integração da equipe de formadoras com os docentes universitários cursistas tem feito toda a diferença.

# VI

# Por uma Didática Sensível no contexto da pós-modernidade – entrevista com Michel Maffesoli

*"A vida cotidiana, bem além das diversas racionalizações e legitimações que conhecemos, é moldada por afetos, sentimentos mal definidos ou, numa só palavra, por todos esses instantes obscuros, que não é possível dispensar, e cujo impacto na vida social avaliamos com acuidade cada vez maior. Todas essas coisas, do mesmo modo, ajustam-se mal à simplicidade do ideal, à simplificação da perfeição ou, ainda, ao fantasma simplório que reduz a existência àquilo que ela deveria ser."*
(Michel Maffesoli)

## 1. Breve apresentação

Não poderia concluir este trabalho sem antes apresentar a visão do raciovitalismo pelo próprio autor da teoria. Aliás, Maffesoli deu-me a chancela para utilização de seu precioso conceito da Didática Sensível. Quero finalizar, pois, este escrito apresentando ao público esta entrevista realizada com Maffesoli em sua casa em Paris, em uma dialogia afetuosa. Na entrevista discutimos principalmente os temas do raciovitalismo, a razão sensível, pós-modernidade, educação universitária e também sobre a Didática Raciovitalista.

**Cristina d'Ávila (CD)** – Minha primeira pergunta vai abordar, sobretudo, sua ideia sobre o raciovitalismo. Trata-se de uma teoria concebida pelo senhor, desenvolvida em seu livro *Elogio da razão sensível*. Segundo sua visão, o raciovitalismo reúne os dois polos – a razão e a sensibilidade – que a racionalidade instrumental separou. Como compreender então a realidade educacional através dessa ótica? O senhor acredita em uma educação pós-moderna?

**Michel Maffesoli (MM)** – Pois bem! Pergunta difícil! Primeiro, em relação à ideia do raciovitalismo, que devemos situar em uma perspectiva. Eu mostro que existem várias épocas. Isto é, grandes períodos que duram três séculos, três séculos e meio. E quando há uma época retomo uma ideia de Michel Foucault, há uma episteme dominante, ou seja, um conhecimento. Outro historiador americano, um historiador das ciências e das técnicas, Thomas Kuhn, diz a mesma coisa. Ele diz que há um paradigma que vai caracterizar uma determinada época. Então, para resumir, considero que aquilo que chamamos modernidade, a época moderna, que começa com o século XVII, e que em minha opinião acaba nos meados do século XX, nessa época moderna, o que foi importante, ou, como dizer, o elemento importante foi o racionalismo. Isto, no final das contas, entre todos os parâmetros humanos – o festivo, o lúdico, o onírico, entre outros –, o elemento privilegiado foi a razão. E fez-se, de certa forma, um sistema, uma sistematização. Este é o racionalismo. E eu remeto ao trabalho, ao livro clássico de Max Weber, *A ética protestante e o espírito do capitalismo*, que mostra que o que será o grande vetor, a grande tendência daquela época moderna, do capitalismo, é o que ele chama a racionalização generalizada da existência. Tudo fica submetido à razão. Tudo deve apresentar suas razões. E todas as grandes instituições sociais que vão ser construídas ao longo do século XIX serão dominadas por esse racionalismo: os partidos políticos, os sindicatos – Michel Foucault mostrou-o muito bem, a saúde, a prisão –, e, evidentemente, também a educação. Isto é, todas as grandes instituições vão ser dominadas por aquilo que é um princípio diretor, um princípio gerador, um princípio organizador. Este é o aspecto importante dessa modernidade. Então, sejamos claros, isto funcionou a contento, e permitiu a constituição de todas as grandes instituições modernas, inclusive da educação, da vida familiar, entre outras. Portanto, essa ideia de grande racionalismo cujo início é o cartesianismo, Descartes, é que vai, de certa forma, se assim posso me expressar, contaminar o conjunto da vida social e, portanto, vai excluir todos os outros aspectos. Então, minha hipótese consiste em dizer: essa época está acabando, estamos experimentando outra maneira de ser, que não podemos nomear ainda e que chamamos pós-modernidade, na falta de outro termo, e nesta outra época, então, vai haver, em minha opinião, outro princípio organizador, regulador. E, portanto, não é uma negação da razão, não é o irracionalismo. É por isso que em meu livro *Elogio da razão sensível* mostrei que era uma complementação da razão. Algo que fazia compreender, de certa forma, como ao mesmo tempo a racionalidade só era pertinente, legítima quando se acomodava na essência do sensível, da sensualidade. E é a isso que chamo de raciovitalismo. Isto é, ao mesmo tempo a razão, a razão e todos estes outros aspectos da vida social, que são os da sensibilidade. Então, eu dizia, um momento termina, uma época termina e o que me parece estar em jogo é uma conjunção da razão e dos sentidos. É a isto que dou o nome de razão sensível ou raciovitalismo. Então, é evidente que todas as instituições vão ser "contaminadas", se assim posso dizer, por esse raciovitalismo, inclusive a educação. Eu não conheço bem a educação no Brasil, mas eu vejo que na França ela era muito racionalista, ela eliminava as imagens, a imaginação. E percebe-se bem, cada vez mais, como é necessário integrar essa imaginação. Por exemplo, o papel das imagens está presente na internet. Portanto, é preciso saber fazer uso dos *videogames*, é preciso saber utilizar aquilo que chamei "a rebelião do imaginário". O imaginário se vinga. Vê-se bem como, para o melhor e para o pior, evidentemente, há um retorno dessas formas da imagem, da imaginação. Vou lhes dar um exemplo. Quando vimos o sucesso enorme de Harry Potter, os livros e os filmes, percebe-se que não se pode continuar a pensar a educação de uma forma puramente racional. É preciso integrar nela esses mitos, esses sonhos, esse aspecto lúdico, e o exemplo de Harry Potter é um bom exemplo, quando se vê o sucesso enorme que ele teve junto à juventude. Isto, por exemplo, parece-me algo que dá importância ao raciovitalismo. Pelo menos na pós-modernidade.

**CD** – O senhor afirmou uma vez que as jovens gerações são raciovitalistas. Por quê?

**MM** – Insisto nessa história, volto a utilizar a palavra que eu disse antes, princípio organizador, princípio gerador, princípio diretor. Ou seja, para compreender de forma adequada uma época é necessário compreender bem o princípio. Em latim, gosto muito das etimologias latinas, o princípio *principium* quer dizer fundamento. E o princípio é aquilo que funda a autoridade. Essas são as duas significações da palavra princípio, fundamento, fundação e autoridade. Quando há um novo princípio que se elabora, pouco a pouco, como dizer, mais do que pensado ele é vivido. Em primeiro lugar, ele é vivenciado. E percebe-se bem como essas jovens gerações, em especial, precisamente vivem desse princípio de raciovitalismo, embora não o teorizem. Este é nosso trabalho, nosso trabalho de intelectuais, em especial universitários, de conseguir dizer, encontrar as palavras. Mas se tomarmos exemplos muito simples, a importância dos encontros musicais. Esta é uma expressão do raciovitalismo.

**CD** – Encontros musicais? Por exemplo, uma orquestra?

**MM** – Não, não. O que chamamos de encontros musicais são os grandes concertos populares, os grandes concertos *tecno*, nos encontros as pessoas se reúnem, as *parties*, a música gótica. Este é um exemplo muito simples que mostra bem que há a expressão dessas emoções, dessas paixões coletivas. E isto é cada vez mais experimentado pelas jovens gerações que precisam disto, que se encontram a cada sábado à noite para fazer a festa, como se diz. Falo do que conheço na França. No Brasil penso que é a mesma coisa.

**CD** – Não é diferente.

**MM** – Parece-me que é a mesma coisa. Sou prudente, falo do que conheço na França, que é relativamente grande. Falo desses grandes encontros musicais que são profundamente raciovitalistas. É uma coisa que é tipicamente uma conjunção da razão e dos sentidos pela música.

**CD** – Na Bahia, poderíamos dizer o carnaval.

**MM** – O carnaval, evidentemente, não posso falar dele, porque não o conheço o bastante, mas é um exemplo extraordinário. Da mesma forma, até mesmo os grandes encontros religiosos.

**CD** – O candomblé também.

**MM** – O candomblé, certamente, é uma expressão disso. Proíbo-me de me manifestar a respeito porque não conheço o bastante, mas esse encontro religioso que é o candomblé é certamente uma expressão disso, uma manifestação. Quando digo expressão, eu falo no sentido etimológico do termo, como quando se espreme o suco de uma laranja, aquilo que sai, de certa forma. Essas jovens gerações não têm os bloqueios racionalistas que nós temos, que as instituições ainda têm. E, de novo, acredito que o problema para a educação é que isto vai ter que ser integrado. Vai ser necessário refletir. Eu disse exatamente: encontros musicais, religiosos, esportivos. Ver como o esporte suscita também emoções e paixões coletivas, entre outros. Minha ideia é que é algo mais vivenciado do que pensado.

**CD** – É muito importante.

**MM** – E isto é sempre a mesma coisa nos períodos intermediários. Quando algo nasce, primeiro é vivenciado e depois pensado.

**CD** – Podemos dizer que o raciovitalismo é uma epistemologia, é uma forma de compreender e explicar o conhecimento?

**MM** – Sim, é uma maneira, como explicar isto? Sempre é delicado dizer epistemologia, mas finalmente, eu diria, mais do que uma epistemologia é uma metodologia. Por que é que digo metodologia? Voltemos ao início da modernidade, quando Descartes elabora *O discurso do método*; seu problema consiste em dizer: faço uma metodologia para compreender o mundo contemporâneo.

**CD** – **Pensei em epistemologia para compreender o mundo...**

**MM** – Eu digo que, em primeiro lugar, é uma metodologia. Em grego *meta-hodos* (metodologia) quer dizer 'busca de um caminho'. Portanto é a metodologia pós-moderna e, evidentemente, é preciso conseguir formalizar isto em epistemologia. É por isso que digo, primeiro é vivenciado antes de ser pensado. O método é algo vivenciado, a busca do caminho, no sentido etimológico, anda-se. E depois, evidentemente, é preciso pensar isto. É preciso que isto se torne uma epistemologia. Mas isso é outro trabalho.

**CD** – **O senhor é professor na Sorbonne. É uma universidade parisiense renomada. Gostaria de saber sua opinião sobre o sentido da educação universitária em nossa época. Como você pensa a universidade. Existe uma oposição entre uma energia racionalista e uma visão raciovitalista?**

**MM** – Existe daquilo que conheço da educação na França, da educação universitária na França, a Sorbonne é um excelente exemplo mas há muitas outras universidades, eu diria que há uma grande defasagem entre o que chamo de universidade oficial, os professores, e a universidade oficiosa, os estudantes. Então, os professores se mantêm em parâmetros muito racionalistas, os estudantes e os jovens pesquisadores, acredito que devemos integrar também os jovens pesquisadores.

**CD** – **Sim. É verdade.**

**MM** – Os jovens pesquisadores têm uma concepção muito menos sectária, muito mais aberta, e no campo que conheço bem, a sociologia, evidentemente, eles integram a fenomenologia, a descrição, o imaginário da vida social, entre outros. Há uma grande defasagem entre aquilo que é um pouco instituído, eu digo oficial, e depois instituinte, o que está chegando, as gerações que estão chegando. Porém, até o oficial, até os professores, o *establishment*, é forçado cada vez mais, vejo isto na pequena década que acaba de decorrer, eles são cada vez mais obrigados a integrar dimensões muito mais imaginárias. Fiz em Paris, na Sorbonne, e na Bahia, não sei mais, há três ou quatro anos, uma conferência na aula inaugural da Universidade Federal da Bahia. O título de minha conferência na Bahia era "Reencantar a universidade", e nesta conferência eu mostrava a necessidade de reintroduzir na Pedagogia universitária certas dimensões da emoção, das paixões. Mesmo de uma maneira metodológica, a utilização das metáforas, a utilização da analogia, entre outras. Para mim, essas são maneiras de reencantar a universidade, isto é, de reconstruir um consenso entre os professores e os jovens pesquisadores, entre os professores e os estudantes. Se quisermos desenvolver a contento nosso verdadeiro papel, que é de acompanhar essas jovens gerações, é preciso captar o espírito da época.

**CD** – É exatamente sobre isto que vou perguntar agora. Em seu livro *O tesouro escondido*, o senhor estabelece uma diferença entre educação e iniciação. A iniciação seria uma alternativa para substituir o processo educativo?

**MM** – Eu penso e vou explicar. A ideia é muito simples. Existem duas formas de socialização e eu diria que essas duas formas de socialização nós as encontramos em todas as espécies animais, todas. E, na nossa, a espécie humana, é a mesma coisa. O que é? A primeira socialização quer dizer o quê? Quer dizer integrar os jovens, integrar a energia, sem castrá-la demasiadamente, sem cortá-la demasiadamente, de certa forma. Então, uma das formas que funcionou bem foi a educação. A educação, encontramos a sua filosofia, se assim posso dizer, na filosofia do Iluminismo, no século XVIII, e, em especial, em um grande romance de educação, que se chama *Emílio ou Da Educação*, de Jean-Jacques Rousseau. E o princípio, o princípio diretor, mais uma vez da educação, em latim, *educare*, quer dizer 'puxar'. Portanto, o princípio diretor da educação repousa na ideia de que a criancinha nada sabe e que o adulto vai puxá-la. Ele é um bárbaro, vamos civilizá-lo. É um animal, vamos humanizá-lo. Grosso modo, este é o parâmetro ideológico, de maneira muito simples, da educação. Funcionou, constituiu a filosofia da educação moderna. É nessa base que foi elaborada toda a educação, todas as instituições educativas no século XIX, na Europa, e depois em todos os cantos do mundo. Funcionou e penso que não funciona mais. Simplesmente porque há um cansaço, um desgaste, como uma maquinaria que funcionou bem e que não é mais pertinente, que não é mais eficaz. Então, neste momento há a segunda forma de socialização que é a iniciação. A iniciação não repousa sobra a ideia de que existe ali um vazio que eu devo preencher. O cérebro da criança é um vazio e eu vou preenchê-lo. Mas a iniciação consiste em dizer: é preciso fazer aflorar o tesouro que está ali presente. É a isto que dou o nome de tesouro escondido. Há um tesouro na criança, no estudante, nos outros, e, portanto, todo o trabalho, de certa forma, consiste não unicamente em puxar, mas em fazer aflorar, acompanhar um processo. Eu penso que a educação funcionou muito bem, agora estamos no fim do percurso e vemos voltar a segunda forma, a iniciação. Por que digo isto? É porque... Vou lhes dar um exemplo muito singelo. Uma de minhas hipóteses a respeito da pós-modernidade é o que chamo da sinergia do arcaico e do desenvolvimento tecnológico, isto é, o desenvolvimento da internet, a horizontalidade de Wikipédia, por exemplo. E, portanto, isto quer dizer que esses jovens, eles têm acesso a formas, a fontes de informação extraordinárias. Portanto, não posso lhes impor algo, é preciso lhes ensinar a fazer uma triagem, isto é, a discernir, a guardar o que deve ser guardado na multiplicidade das formas de informação que eles encontram nas redes sociais, nos *sites* comunitários. E, portanto, não posso mais me dar por satisfeito com uma maneira vertical, é isto a educação, vertical, com a imposição de algo, mas eu sou forçado, de uma maneira horizontal, a acompanhar. É isto a iniciação. É o paradoxo em que estamos atualmente.

**CD – Excelente. E agora vamos entrar no que é meu estudo. O senhor acha que tem espaço para o desenvolvimento de práticas pedagógicas raciovitalistas?**

MM – Sim, se soubermos, de um ponto de vista pedagógico, integrar todas essas dimensões sensíveis e quase sensuais. Se soubermos que a experiência é importante. A experiência, não algo que é meramente racional, o cérebro, mas a experiência daquilo que vivencio com outros, as experiências que compartilho justamente nas comunidades, nos *sites* comunitários, nos grandes eventos sobre os quais falei há pouco tempo, eventos musicais, esportivos, encontros de jovens na rua, no bar, pouco importa o quê. Esta é a experiência. E há uma informação que passa, portanto, é necessário conseguir integrar essa dimensão da experiência. A experiência não é somente racional. A experiência é emocional. É o compartilhamento das paixões. Então, eu diria que a dimensão pedagógica só poderá funcionar se ela souber integrar todos estes elementos da vida cotidiana. Este é o raciovitalismo. Isto é, a razão e a vida. Não é o mero racionalismo que era puramente a razão, mas esta conjunção, esta espécie de multiplicação dos efeitos entre, mais uma vez, as capacidades sensatas, racionais e, ao mesmo tempo, todos os aspectos da experiência cotidiana.

**CD – Como o lúdico poderia integrar o saber sensível?**

MM – Em minha opinião, como dizê-lo, a palavra que utilizo, não sei como se traduz em português: esta ideia de inteireza do ser. A inteireza é justamente a conjunção de tudo – é expressamente o que digo dos parâmetros humanos, a razão é um parâmetro humano, o festivo (a festa) é um parâmetro humano, o lúdico é também um parâmetro humano.

**CD –** *Homo ludens?*

**MM** – *Homo ludens*. É de Huizinga. O onírico é também um elemento coletivo, os mitos. Penso, aliás, e disse que o Brasil era o laboratório da pós-modernidade porque precisamente o festivo é importante, o lúdico é importante, as fantasias, os sonhos coletivos são importantes. Portanto, é a mesma coisa, é unicamente se soubermos integrar essa dimensão que recupera força e vigor na vida social que a Pedagogia poderá desempenhar o seu papel.

**CD** – **Podemos acrescentar ao saber sensível a ideia da experiência?**

**MM** – Para mim é a experiência.

**CD** – **Quando penso o saber sensível na prática pedagógica, na Didática Raciovitalista, penso também nas experiências sensoriais de não somente ver e escutar, mas de sentir, nesse sentido...**

**MM** – Grosso modo, em minha opinião, a palavra que convém é a inteireza do ser. Ou seja, o cérebro, os sentidos, o sentir, todos os sentidos, ver. Um dos meus parceiros intelectuais, não sei... você deveria encontrá-lo, ele se chama Aurélien Fouillet, você não o conhece? Um pesquisador do CEAQ.

**CD** – **Sim, eu já o vi com o senhor no curso.**

**MM** – Aurélien. Ele escreveu um belíssimo livro, que se chama *L'empire ludique* [*O império lúdico*]. Você deveria ler esse livro.

**CD** – **Do que ele trata?**

**MM** – O subtítulo é: *quando o mundo se torna um jogo*. Ele foi publicado há um ano, um ano e meio. É um belíssimo livro no qual ele analisa os *videogames*, os jogos informáticos. E mostra como esses jogos desempenham um papel na vida das jovens gerações. Portanto, de um ponto de vista pedagógico é a mesma coisa, somos forçados a levar em conta a proliferação, a multiplicação desses *videogames*, sob essas diversas formas. Por exemplo, essa concepção de inteireza. Não um pedaço do cérebro, mas tudo.

**CD – A inteireza é compreender o ser humano em sua totalidade...**

**MM –** O ser humano em sua totalidade, vamos dizer. Ou seja, como, de fato, há uma importância para os olhos, o nariz, o tocar. Esta é a experiência. E era um elemento que a educação no século XIX deixou totalmente de lado, dando destaque unicamente à razão. Na França, tem uma expressão, que não existe mais nos dias de hoje, na educação se ensinava às criancinhas, a injunção dos pais era: sente direito. A criança sempre se inclina um pouco. Era a grande injunção que nos diferenciava dos animais. E o "sente direito" é por causa do cérebro, fica na parte de cima. E essa pequena injunção popular apenas traduzia a prevalência da razão. É o que eu queria dizer.

**CD – Estou desenvolvendo uma Didática inspirada no raciovitalismo. Portanto, considero o fenômeno educativo numa perspectiva holística. Isto quer dizer que vejo os alunos não como continentes vazios, mas considerando sua subjetividade, sensibilidade, seus corpos e, evidentemente, a razão. Compreendo que a aprendizagem e o desenvolvimento superam os processos racionais. Nessa Didática Sensível, como eu posso dizer, temos como etapas a sensibilização, a metaforização, a imaginação, a ressignificação do saber e a criação, finalmente. E quando eu digo metaforizar eu penso no uso da metáfora lúdica e também na linguagem artística das imagens, dos poemas, dos jogos, por exemplo. O que o senhor acha dos usos dessas metáforas como motores motivacionais?**

**MM –** É claro. Em muitos de meus livros chamei a atenção para a importância das metáforas. Mostrei que a poesia devia desempenhar um papel, que era um papel primordial. Diria que tudo o que você acaba de dizer pode ser resumido a partir desta ideia: criatividade. E a educação moderna, aquilo que conheço dela na França, não levava em conta a criatividade. Chegava até a ser algo marginal. Para as pessoas de minha idade no colégio as atividades dirigidas, a música, eram dadas por professores secundários, pouco importantes. E era o símbolo, de certa forma, da prevalência da dimensão estritamente racionalista. Mais uma vez, entendem bem, porque o espírito do tempo destaca a criatividade. O imaginário é o espírito do tempo, isto é, o clima, o ambiente mental. Como o espírito do tempo destaca a criatividade então é preciso conseguir integrar pedagogicamente esta dimensão de poesia, de jogo, essa dimensão mais uma vez... A expressão de Nietzsche que utilizo muitas vezes: "Fazer da própria vida uma obra de arte". E esta ideia de fazer da própria vida uma obra de arte é um dos elementos importantes concernindo os jovens nos dias de hoje. Portanto, é preciso que a Pedagogia consiga, evidentemente, integrar essa dimensão. Senão ela permanecerá defasada, ela permanecerá desconectada em relação à realidade.

**CD – Para finalizar, o senhor pode nos dizer algumas palavras a respeito de nossa Didática Raciovitalista? É uma ambição vazia ou é uma possibilidade?**

**MM** – Não, é uma possibilidade. Isto é, um pouco no sentido do termo, é até uma bela ideia, eu acho, de conseguir desenvolver um processo de acompanhamento. Isto é, como explicar isto? A educação repousava unicamente sobre o poder. O poder é isto: eu sei, você criança não sabe. Eu mando em você, é o poder, eu puxo você. Portanto, é aquilo que chamo verticalidade. Se utilizo uma expressão que está em meu livro *O tesouro escondido [Le trésor caché]*, retomo uma expressão de Jacques Lacan, "a Lei do Pai", ou seja, a verticalidade. Aquilo que está em jogo atualmente na iniciação, na criatividade, na importância do jogo, a importância do festivo, da experiência, essas jovens gerações precisam do que chamo autoridade. É difícil em francês porque a palavra autoridade remete a autoritarismo.

**CD – Autoridade e autoritarismo são diferentes. Compreendo bem. O autoritarismo é a hipertrofia.**

**MM** – Enquanto *autoritas* em latim é 'aquilo que faz crescer'. Este é o sentido da palavra latina. E, portanto, essas jovens gerações não querem mais o poder, mas precisam da autoridade, do irmão mais velho. Eu chamo isto a lei dos irmãos. Ou seja, não a lei do pai, mas a lei dos irmãos, que é horizontal. E sua Didática Raciovitalista é isto. No final das contas é essa capacidade a... Vejam, não se deve cair na demagogia, não se deve ser demagogo com os jovens. Eles precisam de autoridade, mas uma autoridade que, de certa forma, a palavra que me parece ser adequada é a de acompanhamento. Em inglês, está muito na moda, é o *coaching*. Mas, no fundo, essa ideia de *coaching*, não sei como vocês dizem em português, é o acompanhamento.

**CD** – Acompanhamento.

**MM** – Esta é a iniciação. Esta é a autoridade. Portanto, penso que uma Didática Raciovitalista é uma Didática do acompanhamento. Mais uma vez, temos conhecimentos, eles têm conhecimentos, vamos conseguir fazer um discernimento. Qual é o mais útil? Para o seu desenvolvimento, para que possam se tornar adultos. Mas, não se pode mais, em função do espírito do tempo, contentar-se com uma dimensão que, mais uma vez, é aquela do poder, a dimensão vertical. É aquilo que chamei, antes da razão sensível, e eu escrevi em um grande livro de epistemologia intitulado *O conhecimento comum*.

**CD** – Sim, tenho esse livro.

**MM** – E, no livro *O conhecimento comum: introdução à sociologia compreensiva* (2010), eu mostro que as categorias da metáfora, da analogia, da criatividade, tudo isso, na minha opinião, vai constituir a Didática Raciovitalista. É isso.

**CD** – Obrigada, professor.

Tradução: Michel Collin.
Revisão: Cristina d'Ávila.

# Referências

A FESTA de Babette. Direção: Gabriel Axel. Produção: Just Betzer e Bo Christensen. Intérpretes: Stéphane Audran; Birgitte Federspiel; Bodil Kjer; Jean-Philippe Lafont; Bibi Andersson e outros. Roteiro: Gabriel Axel e Karen Blixen (livro). Música: Per Nørgaard. Dinamarca: Danish Film Institute, 1987. 102 min. Color.

ALVES, Rubem. A arte de produzir fome. *Folha Online,* São Paulo, 2002. Seção Sinapse Online. Disponível em: https://www1.folha.uol.com.br/folha/sinapse/ult1063u146.shtml. Acesso em: 13 jul. 2021.

ARAÚJO, Miguel Almir Lima de. *Os sentidos da sensibilidade*: sua fruição no fenômeno do educar. Salvador: EDUFBA, 2008.

ARDOINO, Jacques. A complexidade. *In*: MORIN, Edgar (org.). *A religação dos saberes*: o desafio do século XXI. Rio de Janeiro: Bertrand Brasil, 2002. p. 548-567.

BARDIN, Laurence. *Análise de conteúdo*. 2. reimpr. São Paulo: Edições 70, 2011.

BAUMAN, Zygmunt. *Modernidade líquida*. Tradução de Plínio Dentzien. Rio de Janeiro: Zahar, 2003. 258p.

BETTELHEIM, Bruno. *Uma vida para seu filho*: pais bons o bastante. Rio de Janeiro: Campus, 1989.

BRANDÃO, Carlos Rodrigues. *O que é educação*. São Paulo: Brasiliense, 1981.

BRASIL. Lei de Diretrizes e Base de 1971 – Lei n. 5.692, de 11 de agosto de 1971. *Fixa Diretrizes e Bases para o ensino de 1º e 2º graus, e dá outras providências*. Brasília, DF, 1971. Disponível em: https://presrepublica.jusbrasil.com.br/legislacao/128525/lei-de-diretrizes-e-base-de-1971-lei-5692-71. Acesso em: 13 jul. 2021.

BRASIL. Lei n. 9.394, de 20 de dezembro de 1996. *Estabelece as diretrizes e bases da educação nacional*. Brasília, DF, 1996. Disponível em: http://portal.mec.gov.br/arquivos/pdf/lei%209394.pdf. Acesso em: 12 jan. 2021.

# Referências

BAUMAN, Zygmunt. *Modernidade líquida*. Rio de Janeiro: Jorge Zahar Editora, 2001.

BRASIL. Ministério da Educação. *Programa Institucional de Bolsas de Iniciação à Docência (Pibid)*. Portal MEC, 2013. Disponível em: http://portal.mec.gov.br/pibid. Acesso em: 13 jul. 2021.

BRASIL. Ministério da Educação. *Programa Nacional de Formação de Professores da Educação Básica (Parfor)*. Portal MEC, 2013. Disponível em: http://portal.mec.gov.br/. Acesso em: 13 jul. 2021.

BRASIL. Ministério da Educação. Secretaria da Educação Básica. *Base Nacional Comum Curricular*: Educação é a Base. Brasília, DF, 2016. Disponível em: http://basenacionalcomum.mec.gov.br/. Acesso em: 30 jun. 2018.

BRASIL. Ministério da Educação e do Desporto. Secretaria de Educação Fundamental. *Referencial curricular nacional para a educação infantil*. Brasília, DF: MEC/SEF, 1998. Disponível em: http://portal.mec.gov.br/seb/arquivos/pdf/volume2.pdf. Acesso em: 12 jan. 2021.

BRASIL. Resolução CNE/CP 2/2019. Diário Oficial da União, Brasília, 15 de abril de 2020. Disponível em: http://portal.mec.gov.br/docman/dezembro-2019-pdf/135951-rcp002-19/file. Acesso em: 13 jul. 2021.

BRASIL. Secretaria de Educação Fundamental. *Parâmetros curriculares nacionais*: introdução aos parâmetros curriculares nacionais. Brasília, DF: MEC/SEF, 1997. Disponível em: http://portal.mec.gov.br/seb/arquivos/pdf/livro01.pdf. Acesso em: jan. 2021.

BRITO, Silvia Helena Andrade de; CENTENO, Carla Villamaina; LOMBARDI, José Claudinei; SAVIANI, Dermeval (orgs.). *A organização do trabalho didático na história da educação*. São Paulo: Autores Associados, 2010.

BROUGÈRE, Gilles. A criança e a cultura lúdica. *In*: KISHIMOTO, Tizuko (org.). *O brincar e suas teorias*. São Paulo: Pioneira Thomson, 2002. p. 19-32.

BROUGÈRE, Gilles. *Jogo e educação*. Porto Alegre: Artes Médicas, 1998.

BRUNO, Adriana Rocha. *A aprendizagem do educador*: estratégias para a construção de uma didática *on-line*. 2007. 252 f. Tese (Doutorado) – Pontifícia Universidade Católica de São Paulo, São Paulo, 2007.

CAILLOIS, Roger. *Os jogos e os homens*: a máscara e a vertigem. Petrópolis: Vozes, 2017.

CANDAU, Vera Maria (org.). *A didática em questão*. 4. ed. Petrópolis: Vozes, 1985.

CANDAU, Vera Maria. Educação intercultural e práticas pedagógicas. *In*: SILVA, Marco; NASCIMENTO, Cláudio; ZEN, Giovana (orgs.). *Didática*: abordagens teóricas contemporâneas. Salvador: EDUFBA, 2019. Disponível em: https://repositorio.ufba.br/ri/bitstream/ri/30770/1/Did%c3%a1tica%20-%20Abordagens%20te%c3%b3ricas%20contempor%c3%a2neas.pdf. Acesso em: jan. 2021.

CAPRA, Fritjof. *O ponto de mutação*. São Paulo: Cultrix, 1982.

CHARLOT, Bernard. O professor na sociedade contemporânea: um trabalhador da contradição. *In*: D'ÁVILA, Cristina Maria; CHARLOT, Bernard; LUCKESI, Cipriano; LIBÂNEO, José Carlos; SONNEVILE, Jacques Julles; RABELO, Roberto Sanches; MAHEU, Eric; GOMES, Daniela Vasconcelos; LEITE, Disalda Teixeira. *Ser professor na contemporaneidade*: desafios, ludicidade e protagonismo. 2. ed. Curitiba: Editora CRV, 2013.

COLL, César; MARTÍN, Elena; MAURI, Teresa; MIRAS, Mariana; ONRUBIA, Javier; SOLÉ, Isabel; ZABALA, Antoni. *O construtivismo na sala de aula*. São Paulo: Ática, 2001.

CSIKSZENTMIHALYI, Mihaly. *Vivre*: la psychologie du bonheur. Paris: Éditions Robert Lafont, 2004.

D'ÁVILA, Cristina. *Decifra-me ou te devorarei*: o que pode o professor frente ao livro didático. 2. ed. Salvador: EDUFBA, 2013.

D'ÁVILA, Cristina; VEIGA, Ilma P. Alencastro (orgs.). *Profissão docente na educação superior*. Curitiba: CRV, 2013.

D'ÁVILA, Cristina. Razão e sensibilidade na docência universitária. *Em Aberto*, Brasília, DF, v. 29, n. 97, set. 2016.

D'ÁVILA, Cristina. Educação como processo de iniciação: por uma didática raciovitalista no contexto da pós-modernidade – entrevista com Michel Maffesoli. *Revista Diálogo Educacional*, Curitiba, v. 17, n. 54, p. 1401-1417, jul./set. 2017.

D'ÁVILA, Cristina; MADEIRA, Ana Verena (orgs.). *Ateliê didático*: uma abordagem criativa na formação continuada de docentes universitários. Salvador: EDUFBA, 2018.

D'ÁVILA, Cristina; MADEIRA, Ana Verena; GUERRA, Denise. Ateliê didático: diário *on-line* e pesquisa-formação com docentes universitários. *Revista Diálogo Educacional*, Curitiba, v. 18, n. 56, p. 61-83, jan./mar. 2018.

DESCARTES, René. *Discurso do método*. Tradução de J. Guinsburg e B. P. Júnior. 3. ed. São Paulo: Abril Cultural, 1983a. p. 25-71. (Os Pensadores).

DEHEINZELIN, Monique. *Construtivismo*: a poética das transformações. São Paulo: Ática, 1996.

DELORY-MOMBERGER, Christine. *De la recherche biographique en éducation*: fondements, méthodes, pratiques. Paris: Téraèdre, 2014.

DIAS, Ana Maria Iorio; LIMA, Maria da Glória Soares Barbosa (orgs.). *O cenário docente na educação superior no século XXI*: perspectivas e desafios contemporâneos. Teresina: Edufpi, 2013. p. 30-63.

DUARTE JÚNIOR, João Francisco. *O sentido dos sentidos*: a educação (do) sensível. Curitiba: Criar Edições, 2004.

## Referências

DUARTE JUNIOR, João Francisco. *A montanha e o videogame*. Campinas: Papirus, 2010.

FERRAZ, Ana Paula do Carmo Marcheti; BELHOT, Renato Vairo. Taxonomia de Bloom: revisão teórica e apresentação das adequações do instrumento para definição de objetivos instrucionais. *Gestão da Produção e Sistemas*, São Carlos, v. 17, n. 2, p. 421-431, 2010.

FOUILLET, Aurélien. *L'empire ludique*: comment le monde devient (enfin) un jeu. Paris: François Bourin, 2014.

FREIRE, Paulo. *Pedagogia da autonomia*: saberes necessários à prática educativa. São Paulo: Paz e Terra, 1996.

GARDNER, Howard. *Estruturas da mente*: a teoria das inteligências múltiplas. Porto Alegre: Artmed, 1994.

GASPARIN, João Luiz. *Uma didática para a pedagogia histórico-crítica*. 3. ed. Campinas: Autores Associados, 2002.

GAUTHIER, Clermont; MARTINEAU, Stéphane; DESBIENS, Jean-François; MALO, Annie; SIMARD, Denis. *Por uma teoria da pedagogia*. Ijuí: Ed. Unijuí, 1998.

GOMES, Eunice Simões Lins. Educação, religião, imaginário: interfaces. *Caminhos*, Goiânia, v. 14, n. 2, p. 435-450, jul./dez. 2016.

HUIZINGA, Johan. *Homo ludens*. São Paulo: Perspectiva, 2004.

JUNG, Carl G. (org.). *O homem e seus símbolos*. Rio de Janeiro: Nova Fronteira, 1964.

KNELLER, George F. *Arte e ciência da criatividade*. 9. ed. São Paupo: Ibrasa, 1987.

LEAL, Luiz Antonio Batista. *A ludicidade na práxis pedagógica do professor de música*. 2012. 102 f. Dissertação (Mestrado em Educação) – Faculdade de Educação, Universidade Federal da Bahia, Salvador, 2012.

LEAL, Luiz Antonio Batista; D'ÁVILA, Cristina Maria. A ludicidade como princípio formativo. *Revista Interfaces Científicas*, Aracaju, v. 1., n. 2. p. 41-52, fev. 2013.

LEBRUN, Johanne; LENOIR, Ives; DESJARDINS, Julie. *Tendances actuelles dans l'analyse des manuels scolaires et situation au Québec*: documents du GRIFE 5. Sherbrooke: Faculté d'Éducation, 1999.

LENOIR, Yves. Médiation cognitive et médiation didactique. *In*: RAISKY, Claude; CAILLOT, Michel. *Au-delà des didactiques, le didactique*: débats autour de concepts fédérateurs. Paris, De Boeck; Bruxelas: Larcier, 1996.

LÉVY, Pierre. *Cyberculture*. Paris: Editions Odile Jacob, 1997.

LIBÂNEO, José Carlos. *Democratização da escola pública*: a pedagogia crítico-social dos conteúdos. São Paulo: Loyola, 1986.

LIBÂNEO, José Carlos. Educação, pedagogia e didática: o campo investigativo da pedagogia e da Didática no Brasil – esboço histórico e buscas de identidade epistemológica e profissional. *In*: PIMENTA, Selma Garrido (org.). *Didática e formação de professores*: percursos e perspectivas no Brasil e em Portugal. 3. ed. São Paulo: Cortez Editora, 2000.

LIBÂNEO, José Carlos. *Pedagogia e pedagogos, para quê?* São Paulo: Cortez Editora, 2002.

LIBÂNEO, José Carlos. Presente e futuro do campo disciplinar e investigativo da didática: que conteúdos? *In*: D'ÁVILA, Cristina; MARIN, Alda Junqueira; FRANCO Maria Amélia Santoro; FERREIRA, Lúcia Gracia (orgs.). *Didática*: saberes estruturantes e formação de professores. Salvador: EDUFBA, 2019. 180 p.

LISPECTOR, Clarice. *Onde estivestes de noite*. Rio de Janeiro: Editora Nova Fronteira, 1980

LOPES, Conceição. Design de ludicidade. *Revista Entreideias: Educação, Cultura e Sociedade*, Salvador, v. 3, n. 2, p. 25-46, jul./dez. 2014. Disponível em: https://periodicos.ufba.br/index.php/entreideias/issue/view/685. Acesso em: 23 mar. 2020.

LOPES, Conceição; MONTEIRO, Ana; SILVA, Andreia. Os bons e os maus da fita: as crianças explicam, não complicam. *In*: International Conference Cinema – Art, Technology, Communication, 8. *Livro de atas*. Avanca: Cineclube de Avanca, 2017.

LOPES, Maria da Conceição de Oliveira. *Brincar social espontâneo na educação de infância*: um estudo. Lisboa: Civitas Aveiro, 2016.

LUCKESI, Cipriano Carlos. Educação, ludicidade e prevenção das neuroses futuras: uma proposta pedagógica a partir da Biossíntese. *In*: LUCKESI, Cipriano Carlos (org.). *Ludopedagogia*: educação e ludicidade. Salvador: Faced/UFBA, 2000. v. 1. (Ensaios).

LUCKESI, Cipriano Carlos. Ludicidade e atividades lúdicas: uma abordagem a partir da experiência interna. *Educação e Ludicidade*. Salvador: Gepel; Faced/UFBA, 2002. p. 22-60. v. 2. (Ensaios).

LUCKESI, Cipriano Carlos. Estados de consciência e atividades lúdicas. *In*: PORTO, Bernadete. *Educação e Ludicidade*. Salvador: UFBA, 2004, p. 11-20. v. 3. (Ensaios).

LUCKESI, Cipriano Carlos. *Avaliação da aprendizagem*: componente do ato pedagógico. São Paulo: Cortez Editora, 2011.

MACEDO, Lino de. Informar, conhecer e saber. *Escola On-line*, 4 ago. 2008. Disponível em: https://www.youtube.com/watch?v=6GsxXvHNtZM. Acesso em: 13 mar. 2018.

MACEDO, Roberto Sidnei. *Compreender/mediar a formação*: o fundante da educação. Brasília, DF: Liber Livro, 2010.

MAFFESOLI, Michel. *Le temps des tribus:* le déclin de l'individualisme dans les sociétés postmodernes. 3ème édition. Paris: Table Ronde, 2000.

MAFFESOLI, Michel. *Éloge de la raison sensible*. Paris: La Table Ronde, 2005.

MAFFESOLI, Michel. Entretien avec le sociologue Michel Maffesoli. *Entretiens*, Paris, 2006. Disponível em: http://www.sens-public.org/article193.html?lang=fr. Acesso em: 13 abr. 2016.

MAFFESOLI, Michel. *O conhecimento comum*: introdução à sociologia compreensiva. Porto Alegre: Sulina, 2010. (Imaginário Cotidiano).

MAFFESOLI, Michel. *Le trésor caché*: lettre ouverte aux francs-maçons et à quelques autres. Paris: Éditions Léo Scheer, 2015.

MATURANA, Humberto R.; VARELA, Francisco J. *A árvore do conhecimento*. Campinas: Psy, 1997.

MENDES, Paula. Metáfora. *E-Dicionário de Termos Literários de Carlos Ceia*. Disponível em: https://edtl.fcsh.unl.pt/encyclopedia/metafora/. Acesso em: 13 jul. 2021.

METÁFORA. Intérprete: Gilberto Gil. Compositor: Gilberto Gil. *In*: Um Banda Um. Intérprete: Gilberto Gil. Rio de Janeiro: WEA Discos, 1982. 1 CD, faixa 3.

MORAES, Maria Cândida. *Ecologia dos saberes*: complexidade, transdisciplinaridade e educação. Novos fundamentos para iluminar. Novas práticas educacionais. São Paulo: Antakarana/WHH, 2008.

MORAES, Maria Cândida; TORRE, Saturnino de la. *Sentipensar*: fundamentos e estratégias para reencantar a educação. Rio de Janeiro: Vozes, 2004.

MOREIRA, Marco Antônio. ¿Al final, que és aprendizaje significativo? *Qurriculum: revista de teoría, investigacion y práctica educativa*. La Laguna, n. 25, p. 29-56, Marzo 2012.

MORIN, Edgar. *Introduction à la pensée complexe*. Paris: Ed. Du Seuil, 1990.

MORIN, Edgar (org.). *Relier les connaissances*: le défi du XXIe. siècle. Paris: Ed. Du Seuil, 1999.

MORIN, Edgar. Introdução ao Pensamento Complexo. 5. ed. Lisboa: Instituto Piaget, 2008

MORIN, Edgar (org.). *A religação dos saberes*: o desafio do século XXI. 11. ed. Rio de Janeiro: Bertrand Brasil, 2002.

MORIN, Edgar. *Sur l'esthétique*. Paris: Ed. Robert Laffont, 2016.

ORIGEM DA PALAVRA. Disponível em: https://origemdapalavra.com.br/. Acesso em: 23 abr. 2021.

PIAGET, Jean. *La formation du symbole chez l'enfant*. 3ème édition. Paris: Delachaux et Niestlé, 1964.

PIAGET, Jean. *La psychologie de l'intelligence*. 8ème édition. Paris: Collection Armand Colin, 1965.

PIAGET, Jean. *L'épistémologie génétique*. Paris: Presses Universitaire de France, 1970a.

PIAGET, Jean. *Psychologie et épistémologie*: pour une théorie de la connaissance. Paris: Denoël-Gonthier, 1970b.

PIAGET, Jean. *Psychologie et pédagogie*. Paris: Denoël Gonthier, 1969.

PIMENTA, Selma Garrido. Panorama atual da didática no quadro das ciências da educação: educação, pedagogia e didática. *In*: PIMENTA, Selma Garrido (org.). *Pedagogia, ciência da educação?* São Paulo: Cortez Editora, 1996.

PIMENTA, Selma Garrido (org.). *Didática e formação de professores*: percursos e perspectivas no Brasil e em Portugal. 3. ed. São Paulo: Cortez Editora, 2000.

PIMENTA, Selma Garrido; ANASTASIOU, Léa das Graças Camargos. *Docência no ensino superior*. 4. ed. São Paulo: Cortez Editora, 2010.

PIMENTA, Selma Garrido (org.). *Saberes pedagógicos e atividade docente*. 8. ed. São Paulo: Cortez Editora, 2012.

PIMENTA, Selma. As ondas críticas da didática em movimento: resistência ao tecnicismo/neotecnicismo neoliberal. *In*: SILVA, Marco; NASCIMENTO, Cláudio; ZEN, Giovana (orgs.). *Didática*: abordagens teóricas contemporâneas. Salvador: EDUFBA, 2019. Disponível em: https://repositorio.ufba.br/ri/bitstream/ri/30770/1/Did%c3%a-1tica%20-%20Abordagens%20te%c3%b3ricas%20contempor%c3%a2neas.pdf. Acesso em: jan. 2021.

PRADO, Adélia. *Bagagem*. 2. ed. Rio de Janeiro: Nova Fronteira, 1979.

REGO, Teresa Cristina. *Vygotsky*: uma perspectiva histórico-cultural da educação. 9. ed. Petrópolis: Vozes, 2000.

ROHART, Jean-Daniel; MAFFESOLI, Michel. *Comment enchanter l'école?*: plaidoyer pour une éducation postmoderne. Paris: Éditions Dervy, 2013.

ROSNAY, Joël de. Conceitos e operadores transversais. *In*: MORIN, Edgar (org.). *A religação dos saberes*: o desafio do século XXI. Rio de Janeiro: Bertrand Brasil, 2002. p. 493-499.

ROUSSEAU, Jean-Jacques. *Emílio ou Da educação*. São Paulo: Difusão Europeia do Livro, 1968.

# Referências

SANTANA JUNIOR, Jorge José Barros de; PEREIRA, Dimmitre Morant Vieira Gonçalvez; LOPES, Jorge Expedito de Gusmão. Análise das habilidades cognitivas requeridas dos candidatos ao cargo de contador na administração pública federal, utilizando-se indicadores fundamentados na visão da Taxonomia de Bloom. *Revista Contabilidade e Finanças,* São Paulo, v. 19, n. 46, jan./abr. 2008. Disponível em: http://www.scielo.br/scielo.php?script=sci_arttext&pid=S1519-70772008000100009. Acesso em: 6 mar. 2019.

SAVIANI, Dermeval. *Escola e democracia.* 4. ed. São Paulo: Cortez Editora, 1984.

SAVIANI, Dermeval. *Pedagogia histórico-crítica*: primeiras aproximações. 11. ed. Campinas: Autores Associados, 2011.

SILVA, Marco; NASCIMENTO, Cláudio Orlando Costa do; ZEN, Giovana Cristina (orgs.). *Didática*: abordagens teóricas contemporâneas. v. 1. Salvador: EDUFBA, 2019.

SILVEIRA, Nise da. *Jung*: vida e obra. Rio de Janeiro: Paz e Terra, 1981.

TARDIF, Maurice. *Saberes docentes e formação profissional.* Petrópolis: Vozes, 2002.

VEIGA, Ilma P. Alencastro (org.). *Didática*: o ensino e suas relações. 9. ed. Campinas: Papirus, 2005.

VEIGA, Ilma P. Alencastro; SILVA, Edileuza Fernandes da; XAVIER, Odiva Silva; FERNANDES, Rosana C. A. Pós-graduação: espaço de formação pedagógica de docentes para a educação superior. *In*: D'ÁVILA, Cristina Maria; VEIGA, Ilma P. Alencastro (orgs.). *Didática e docência na educação superior*: implicações para a formação de professores. Campinas: Papirus, 2012. (Magistério: Formação e Trabalho Pedagógico).

VEIGA, Ilma P. Alencastro; VIANA, Cleide Maria Quevedo Quixadá; SILVA, Edileuza Fernandes da; MACHADO, Liliane Campos (orgs.). *Docência, currículo e avaliação*: territórios referenciais para a formação docente. Curitiba: Editora CRV, 2017.

VYGOTSKY, Lev S. *A formação social da mente.* São Paulo: Martins Fontes, 1984.

VYGOTSKY, Lev S. *Pensamento e linguagem.* São Paulo: Martins Fontes, 1987.

WEBER, Max. *A ética protestante e o espírito do capitalismo.* São Paulo: Companhia das Letras, 2004.

WINNICOTT, Donald W. *O brincar e a realidade.* Rio de Janeiro: Imago, 1975.

**Cristina Maria d'Ávila Teixeira (Cristina d'Ávila)**

Pedagoga, mestra em Educação e doutora em Educação pela Universidade Federal da Bahia (UFBA). Pós-doutora na área de Didática pela Universidade de Montreal, Canadá, e em Docência Universitária pela Universidade Sorbonne Paris 5. É Professora Titular de Didática da Faculdade de Educação da UFBA. Leciona no Programa de Pós-Graduação em Educação, Mestrado e Doutorado dessa instituição. Pesquisadora e coordenadora do Grupo de Estudos sobre Educação, Didática e Ludicidade – Gepel (PPGE/UFBA). Presidente da Associação Nacional de Didática (Andipe). Atualmente, coordena o Núcleo de Formação Contínua de Professores da UFBA – Nufap – e a Assessoria Pedagógica ao Docente UFBA (APDU). Como pesquisadora, desenvolve trabalhos nas áreas de Didática, Docência Universitária e Ludicidade e coordena várias pesquisas. Possui doze livros publicados na área educacional, quatro dossiês organizados, três livros de Literatura Infantil e um livro de poemas. Publicou mais de trinta artigos em periódicos científicos e revistas especializadas.

*E-mail*: cristdavila@gmail.com.

*Lattes* CNPq: http://lattes.cnpq.br/2584950986779890

www.cortezeditora.com.br